행복한 Meditation in Action

MEDITATION IN ACTION
by Chögyam Trunpa

ⓒ 1991 by Diana Mukpo

Korean translation copyright ⓒ Davinchihouse, Ltd. 2006

This Korean edition was published by arrangement with Shambhala Publication, Inc.
through Sibylle Books Literary Agency, Seoul

이 책의 한국어 판 저작권은 시빌에이전시를 통해 Shambhala사와 독점 계약한
(주)다빈치하우스에 있습니다. 저작권법에 의해 한국 내에서 보호를 받는 저작물이므로
무단 전재 및 무단 복제를 금합니다.

국립중앙도서관 출판시도서목록(CIP)

행복한 명상 / 지은이: 촉얌 트룽빠; 옮긴이: 한은주
— 서울 : 다빈치하우스, 2007
P. ;   cm.

원서명: Meditation in Action
원저자명: Trunpa, Chögyam
ISBN 978-89-91907-16-4 03220 : ₩10,000

224.3-KDC4
294.3443-DDC21   CIP 2007000398

행복한 명
Meditation in 명상 Action

미디어숲

옮긴이 _ 한은주
현재 연극무대에 서는 배우이다.
인도여행을 하면서 알게 된 명상과 요가로부터 얻은 마음의 행복을 벗들과 나누고 싶어
소중한 길라잡이였던 이 책을 정성들여 우리 글로 옮겨 세상에 내놓는다.

행복한 명상

초판 1쇄 인쇄 | 2007년 2월 26일
초판 1쇄 발행 | 2007년 3월 5일

지은이 | 촉얌 트룽빠
옮긴이 | 한은주

펴낸이 | 김영선
기획·편집 | 이미현
표지·본문디자인 | (주)다빈치하우스_김지희
마케팅·홍보 | 이교숙

펴낸곳 | (주)다빈치하우스 - 미디어숲
주소 | 서울시 마포구 합정동 362-5 조현빌딩 2층(우 121-884)
대표전화 | 02-323-7234
팩스 | 02-323-0253
찍은 곳 | 이산문화사
홈페이지 | www.mfbook.co.kr
출판등록번호 | 제2-2767호

값 10,000원
ISBN 978-89-91907-16-4   03220

옮긴이의 말

|이 책은| 제가 잠시 인도에 머물 때 그곳 친구들의 소개로 만나, 한 줄씩 한 줄씩 몇 달을 붙들고 있었던 책입니다. 그리고는 언제라도 반드시 그 시간의 빚을 갚아야겠다는 생각만 마음 한 구석에 남아 있었습니다. 이 책을 이렇게 나누는 것은 제가 숨어들었던 시간과 그곳에서 제가 받았던 모든 아름다운 호의에 대한 보답입니다.

그러나 전혀 명상적으로 살고 있지 못하는 사람으로서, 아무리 다른 사람의 글이라 해도 명상에 관한 말씀을 종이에 옮겨 세상에 내어놓는다는 것이 저에겐 당치 않은 일임을 알고 있습니다. 심지어는 원고를 붙들고 있었던 때조차도 책의 내용과는 전혀 거리가 먼 생활과 감정의 동요, 무지와 집착

에 붙잡혀 있었던 속된 사람이지만, 그런 저 같은 사람도 고개를 끄덕이고 자신을 돌아보게 되었더라면 그것이 바로 이 책의 힘이겠지요.

책에도 복이 있는 건지, 제가 부족한 원고만 건네놓고 몇 달 인도에 가 있는 동안 너무나 많은 분들이 인연이 되어 도움을 주셨습니다. '미디어숲'의 김영선 사장님과 이미현 편집장님, 그분들을 저에게 닿게 해주신 존경하는 배우 예수정 선배님, 델리에서 연극 공연 기간 내내 함께 해준 무용가 김민정 언니에게 마음으로부터의 감사를 드립니다. 저의 부족함을 너그럽게 이해해주시고 글을 읽어봐 주신 정우 법사님과 미산 스님, 귀한 사진을 쓰게 해주신 지운 스님께도 부끄러운 감사의 인사를 전합니다.

그리고 언제나 말없이 무한한 사랑을 주시는 부모님께 진심으로 고개 숙입니다. 그토록 마음 졸였던 모든 일들도, 가고자 했던 많은 곳들도, 헤매고 돌아다녔던 길들도, 저의 모든 에고와 끝없는 욕망도, 그분들 앞에선 그저 오랜만에 만난 걱정거리 딸일 뿐입니다.

여행을 하면서, 그리고 돌아온 내 방에서, 어두운 극장의 모퉁이에서, 다시 델리를 거쳐 이 순간까지, 그 모든 길들이 저를 이곳까지 데리고 왔으니 지금 여기의 시간이 또 저를 다른 곳으로 인도하겠지요.

이 책을 통한 새로운 경험과 만남도 다른 인연이 되어 다시 저에게 돌아올 것입니다. 그렇다면 이 고마움은 또 어떻게 갚아야 하는지요.

2007년 2월

한 은 주

차 례

1. 붓다의 삶과 길

The Life and Example of Buddha

붓다는 단 한번도 자신을 어느 신의 화신으로,
혹은 어떤 특별한 신성한 존재라고 주장하지 않았다.
그는 모든 일들을 직접 경험했고, 겪어냈고,
그리하여 마음의 깨달음을 성취한 한 사람일 뿐이었다.
그가 입을 열지 않아도,
입을 열기 전에 이미 가르침은 전해졌다.

1. 붓다의 삶과 길
스스로 직접 깊게

길 떠나는 왕자

맑고 뜨거운 어느 여름날, 살 나무의 굵은 가지엔 눈부신 꽃과 열매가 가득하다. 제일 가까운 마을이라 해도 백 마일은 넘게 떨어져 있는 이곳은 동굴이 많은 바위지대로 황량한 풍경이다.

몇몇 동굴에 길고 헝클어진 머리에 흰색 면으로 된 얇은 옷만 간단히 걸친 채 수행을 하고 있는 요기(yogi)들이 있다. 어떤 이들은 사슴가죽으로 만든 자리에 앉아 명상을 하고 있고, 또 어떤 이들은 불을 피워 둔 중앙에 자리 잡고 앉아 명상을 하거나 금욕 수행으로 잘 알려진 여러 가지 요가의 훈

련들을 하고 있다. 그리고 또 다른 사람들은 기도문 또는 '만
트라(mantra-진언)'를 낭송하고 있다.

평화와 고독의 기운이 감도는 이 고요한 공간은 경외심을
불러일으키는 분위기이다. 완전한 고요와 침묵의 상태. 이것
은 태초의 순간, 이 세상의 창조 그 이전부터 변치 않고 전해
져 내려오는 것임이 분명하리라. 새들의 소리조차 들리지 않
는다. 근처에 강이 흘러도 고기 낚는 사람조차 없다. 그 폭이
최소한 7마일은 족히 되어 보이는 아주 큰 강이다.

수행자들이 강둑에서 정화의 신성한 제의식을 행하고 있
다. 강물에서 목욕을 하고 명상을 하는 사람들도 보인다. 이
것이 바로 2천 5백 년 전 인도의 비하르(Bihar) 지방에 위치한
'나이란자나(Nairanjana)'라는 곳의 풍경이다.

이곳에 싯다르타(Siddhartha)라는 이름의 왕자가 도착한다.
그의 외모는 어딘가 귀족적인 분위기를 풍긴다. 아주 최근에
야 왕관과 귀걸이 등의 장신구를 벗어버린 그로서는 허전하
고 발가벗은 느낌마저 든다. 마지막으로 그를 따르던 말까지
버린 그는 지금 하얗고 정갈한 흰색 면 옷을 입고 있다.

주변을 둘러본 후 다른 수행자들이 하고 있는 행동을 따라 해본다. 그들의 모습을 따르고 싶어하는 것이다. 그들 중 한 사람에게 명상 훈련을 가르쳐달라고 부탁한다.

먼저 그는, 자신이 왕자이며 인생이 무의미하다는 것을 깨달았노라 설명한다. 탄생과 죽음, 그리고 병들고 늙어가는 생로병사의 고통을 보았던 것이다. 그러다 그는 한 현자가 길을 걸어가는 것을 보게 되었는데, 그 모습이 그를 단숨에 사로잡았다. 이것이야 말로 그가 따르고 싶어하는 삶의 길이고 예시였다.

이러한 모든 것들이 그에겐 새로웠다. 처음엔 이런 실질적인 현상들을 받아들일 수가 없었다. 궁중에서 누렸던 온갖 부귀영화와 감각적인 향락을 떨쳐버릴 수가 없었고, 그러한 쾌락이 아직도 그의 마음속에서 맴돌고 있었던 것이다. 이 사람이 바로 싯다르타 왕자, 즉 미래의 붓다(Buddha)였다.

그런 뒤에 그는 구루(guru-스승)에게 가르침을 받았다. 리쉬(rishi-수행자)로서의 금욕적인 수행법과 결가부좌로 앉는 좌법, 요가의 자세와 호흡법 등을 훈련 받았다. 처음엔 이러한 훈련들이 너무 생소해서 그에게는 거의 일종의 게임처럼 느껴졌다.

그러다 마침내 그는 이러한 훌륭한 삶의 방식을 따르기 위해 세속적인 모든 속박에서 벗어난 성취감으로 기뻐했다. 부모님, 아내, 자식에 대한 기억들이 아직도 그의 마음에 깊게 남아 때로 요가 수행을 힘겹게 하기도 했지만, 마음을 다스리는 길이 따로 있진 않은 것 같았다. 다른 요기들 또한 엄격한 수행을 따르는 것 외에 그에게 어떠한 말도 건네지 않았다.

있는 그대로의 것을 찾아

이것이 바로 대략 2천 5백 년 전 붓다의 체험이었다. 지금도 만약 우리가 출가해서 뜨거운 물로 목욕할 수 없고 따뜻한 집의 음식을 잊어야 하고 자동차를 타고 다니는 편리를 버려야 한다면, 혹은 대중교통을 이용한다고 해도 여전히 엄청난 호사이기는 마찬가지인 그러한 종류의 사치를 모두 포기한다면, 우리도 역시 붓다와 비슷한 경험을 하게 될 것이다.

평화와 고독의 기운이 감도는
이 고요한 공간은 경외심을 불러일으키는 분위기이다.
완전한 고요와 침묵의 상태.
이것은 태초의 순간,
이 세상의 창조 그 이전부터 변치 않고
전해져 내려오는 것임이 분명하리라.

우리는 비행기를 타고 단 몇 시간 만에 인도에 도착할 수
있다. 어디쯤 와있는지도 모르는 사이에 벌써 인도의 중앙에
와있을 것이다. 좀더 모험을 즐기는 사람들이라면 아마도 무
임승차하는 방법을 택할지도 모른다. 그런데도 여전히 비현
실적으로 보이는 이러한 여정은 항상 흥미진진하고 단 한 순
간도 지루한 순간이 없다.

마침내 인도에 도착한다. 아마 여러 가지 면에서 실망할
수도 있다. 어느 정도 현대화가 진행된 모습들과 고등교육
을 받은 상위 계급 사람들의 속물근성, 여전히 영국식 통치
를 모방하고 있는 사람들도 보게 될 것이다. 처음엔 불쾌함
을 느낄지 모르지만, 나중엔 어떤 식으로든 받아들이게 되
고, 그런 뒤엔 가능한 한 빨리 도시를 떠나 정글에 가고 싶어
한다.

이런 경우엔 그곳이 티벳 사원이나 인도의 아쉬람
(ashram-명상 또는 수행 공동체)일 수도 있다. 우리는 똑 같은 사
례를 보게 된다. 싯다르타 왕자가 겪었던 경험과 어느 정도
비슷한 경험 말이다. 우리 마음에 제일 먼저 다가온 최초의

모습은 금욕적인 측면, 또는 사치의 부재였을 것이다. 그러나 지금 과연 우리가 이러한 초반 몇 달을 통해서 무엇을 배울 수 있을 것인가? 아마도 어떤 삶의 방식을 배울 수 있을지도 모른다. 어쩌면 이런 특이한 나라는 도무지 본 적이 없었기 때문에 보다 더 큰 흥미를 느낄 수도 있다.

사람은 모든 것을 이해하고자 하는 경향이 있다. 그리고 의사소통과 언어의 장벽을 극복하려고 노력함에 따라서 마음 속에서는 내면의 대화가 진행되는 것이다. 그렇다 하더라도 우리는 자기만의 세계에서 살아가고 있다.

붓다에게 그랬듯이, 우리에게도 이처럼 이상한 나라의 흥미로움과 신기함은 7개월도 채 가지 않을 것이다. 이상하고 진기한 재미에 도취되어 마치 이 나라에 온통 사로잡혀있는 듯이 고향에 편지를 쓸 것이다. 그러니까 단 몇 주 만에 돌아간 사람이라면 많은 걸 배우지 못했을 것이다. 단지 조금 특이한 나라를 보게 되었을 뿐이고, 조금 다른 삶의 방식을 보았을 뿐이다. 그러니 그때 만약 붓다가 나이란자나 정글을 떠나서 라즈기르(Rajgir)에 있는 그의 왕국으로 바로 돌아가

버렸다면, 그에게도 역시 똑 같은 일이 벌어졌을 것이다.

붓다의 경우, 그는 힌두 스승 밑에서 오랫동안 명상 수행을 하였다. 금욕주의와 종교적인 틀을 무조건 순응하는 것만으로는 딱히 도움이 되지 않는다는 것을 알게 되었지만, 여전히 만족할 만한 답을 얻지 못했다.

어찌 보면 이러한 물음에 대한 대답은 이미 그의 마음 속에 있었다. 그러나 그는 자신이 보고 싶어하는 것을 찾고 있었던 것이다. 아니 그보다, 사물의 있는 그대로의 모습을 보고자 했다. 이처럼 영적인 길을 따르기 위해서는 흥분상태를 벗어나야만 한다. 이것이 바로 첫 번째 본질적인 요소들 중 하나이다. 왜냐하면 이러한 흥분상태를 극복하지 못한다면 더 깊게 나아가 배울 수 없기 때문이다. 감정적인 흥분은 눈을 멀게 하는 맹목적인 요소를 갖고 있다.

사람은 자기만의 견해를 구축하려는 경향이 상당히 강하기 때문에 삶을 정확히 바라볼 수 없게 된다. 그러므로 우리가 무엇을 찾으려 하는지 그 분명한 본질을 처음부터 이해하지 못한 채 어떠한 종교적 혹은 정치적 구조를 그대로 순응

하거나 따라해서는 안된다. 그렇게 이름을 갖다 붙이고, 금욕적인 생활태도를 무조건 접수하고, 또는 옷을 갈아입는다고 해서 그것이 진정한 변화를 가져다 주지는 않는다.

자신의 길은 누구도 가르쳐주지 않는다

몇 년이 지나자 붓다는 다시 길을 떠나기로 결심한다. 무척 많이 배웠지만, 인도의 수행자들인 스승들에게 작별을 고하고 스스로 떠나야 할 때가 온 것이다. 여전히 나이란자나의 강둑이었으나 아주 멀리 벗어난 보리수 나무(papal tree) 아래 앉았다.

그는 몇 년을 그 자리에 앉아 있었다. 커다란 바위 위에 앉아서 아주 조금만 먹고 마실 뿐이었다. 이것은 그가 아주 엄격한 금욕주의 훈련이 필요하다고 느꼈거나 다른 사람들의 사례를 따랐다기 보다, 홀로 남아 스스로 깨달아야만 한다는 것을 느꼈기 때문이었다. 어쩌면 다른 방법을 통해서도 같은 결론에 도달했을지 모르지만, 그게 중요한 건 아니었다.

핵심은, 바로 무엇이든지 우리가 배우려 할 땐 단지 책이

영적인 길을 따르기 위해서는
흥분상태를 벗어나야 한다.
이것이 바로 첫 번째 본질적인 요소들 중 하나이다.
이러한 흥분상태를 극복하지 못한다면
더 깊게 나아가 배울 수 없기 때문이다.

나 선생님들로부터 혹은 이미 고착된 유형을 그대로 답습하
여 배우기 보다는, 제일 먼저 스스로의 경험이 필수라는 것
이다. 그것이 붓다가 깨달은 것이었고, 또한 바로 그러한 면
에서 붓다의 사고방식은 매우 혁명적인 것이었다.

그는 심지어 브라마(Brahma), 혹은 만물의 창조주로서의 신
(God)의 존재까지도 부정하였다. 그는 스스로 발견한 것이 아
니라면 어떠한 것도 그냥 받아들이지 않을 것을 결심했다. 이
것은 인도의 위대한 고대 전통을 무시하겠다는 의미가 아니었
다. 그는 그것 또한 무척 존중하였다. 그는 부정적인 의미에서
의 무정부주의자도 아니었으며, 공산주의자로서의 혁명적인
것도 아니었다. 그의 태도는 오히려 현실적이고 긍정적인 혁
명이었다.

그는 혁명의 창조적인 측면을 발전시켰다. 그것은 다른 누
구로부터의 도움을 구하려 하는 것이 아니라, 바로 자신을
위한 길을 스스로 찾으려 하는 것을 말한다. 아마도 불교만
이 유일하게 어떤 종류의 신의 출현이나 신의 대한 믿음과
헌신에 기초하지 않은 종교라고 할 수 있다.

이 얘기는 붓다가 무신론자이거나 이단자라는 게 아니다. 그는 단 한번도 신학적인 혹은 철학적인 원론에 대해 논쟁하지 않았다. 그는 문제의 본질, 즉 '어떻게 진리를 알 수 있는가' 하는 핵심으로 곧장 접근했다. 그는 쓸데없는 논쟁으로 시간을 낭비한 적이 없었다.

이처럼 혁명적인 태도를 발전시킴으로써 우리는 많은 걸 배우게 된다. 예들 들어, 어떤 사람이 점심을 걸렀다고 가정해보자. 그다지 배가 고프지 않았을 수도 있고, 아침식사를 거하게 했을 수도 있다. 하지만 점심을 먹지 않았다는 그 생각이 영향을 미치는 것이다.

이러한 양상은 사회구조 안에서도 형성된다. 그리고 우리는 아무런 의문 없이 그런 패턴들을 받아들이는 경향이 있다. 우리가 정말로 배가 고픈 것인가, 아니면 그 특정한 한낮의 시간을 단지 그렇게 채우고 싶어하는 것일까? 이것은 아주 간단하면서도 정곡을 찌르는 예이다. 에고(ego)의 문제를 다룰 때도 역시 똑같이 적용된다.

낙타는 바늘구멍을 통과할 수 없다

붓다는 '나' 라고 하는 에고는 존재하지 않는다는 것을 발견했다. 아마도 누군가는 '나는 …이다(I am)', '…이다(am)'와 같은 것들이 존재하는 게 아니라고 말하는 사람도 있을 것이다. 붓다는 사상이나 희망, 공포, 감정, 결론을 도출하는 방식 등 모든 종류의 개념들이 우리의 사변적인 사고방식과 부모 또는 자라온 환경 등에 기인한 정신적 유산으로부터 만들어지는 것임을 알았다.

우리는 그러한 모든 것들을 한데 종합하려는 경향이 있는데, 이러한 경향은 물론 부분적으로는 우리의 교육시스템이 갖고 있는 기술 부족에 원인이 있다. 자신의 내면으로부터 비롯된 진정한 연구를 스스로 하기보다는, 무엇을 생각해야 하는지 지정 받는다. 그러므로 금욕주의의 개념 아래 신체적 고통을 체험하는 것은 절대로 불교의 본질적 부분이 될 수 없다. 중요한 것은, 우리가 규정해놓은 그러한 심리적 개념의 규정 자체를 뛰어넘는 일이다.

이 말은 새로운 규정을 다시 만들어야 한다거나, 관습을 깨

고 특이하게 되려 애쓰고, 점심은 언제나 굶고, 소유하고 있
는 건 모두 버리고 가야 한다는 그런 의미가 아니다. 다른 사
람들에게 자신의 존재를 드러내 보이는 방식이나 행동 양식에
서 위아래를 모조리 뒤집어 엎을 필요는 없다는 뜻이다.

그건 다시 문제 해결을 막는 일이 된다. 문제를 해결하는
유일한 방법은 그 문제를 철저하게 완전히 살펴보는 일이다.
그런데 이러한 관점에서 보자면, 우리에게도 어떤 욕구가 있
다. 욕망이라고 할 만큼 강렬한 건 아니더라도, 무엇엔가 자
신을 순응시키고자 하는 감정이 강해진다. 그래서 제대로 생
각도 해보지 못한 채 마냥 끌려가기도 한다.

그러므로 '온 마음(mindfulness)'을 다해 살펴보는 일이 필
요하다. 그랬을 때 우리는 매 순간 우리 자신을 짚어볼 수 있
고, 소위 '상식적인 결론'이라는 단순한 견해를 뛰어넘을 수
있게 된다. 유능한 과학자가 되는 법을 배우되 아무거나 무
조건 받아들여서는 안된다. 모든 것은 자기 자신의 현미경으
로 재검토되어야 하고, 그리하여 스스로의 방법으로 스스로
의 결론에 도달해야 한다. 그렇게 하기까지는 구원자도 없고

스승도, 은총도, 도움을 줄 수 있는 어떠한 안내자도 없다.

물론 다음과 같은 딜레마는 항상 있게 마련이다. 도움이 되지 않는다니 그럼 우리는 도대체 뭐란 말인가? 아무 것도 아니란 말인가? 더 높은 곳에 이르기 위해 노력하고 있지 않다는 건가? 그러면 더 높은 것이란 게 뭔가?

예를 들어서, 붓다 정신이란 건 뭔가? 깨달음이란 무엇인가? 그냥 아무 것도 아닌 것인가? 아니면 그 어떤 무엇인가? 죄송하지만 나는 이러한 물음에 답할 권한이 없는 사람이다. 나도 역시 여기 다른 모든 사람들과 마찬가지로 그저 한명의 여행자일 뿐이다. 내가 경험을 통해서 알고 있는 것은, 나 자신도 '갠지스(Ganges) 강변의 모래 한 알과 같은 것'일 뿐이다.

'더 높은' 무엇이라고 말할 때, 우리는 우리가 갖고 있는 고유한 관점에 근거해서 그보다 더 큰 것이라는 해석상의 의미를 부여한다. 신에 대해 말한다면, 우리가 갖고 있는 고유의 이미지에 준해서 인간의 확대된 존재로서의 위대하고 거대한 무엇을 떠올리게 되는 경향이 있듯이 말이다. 그것은 마치 우리의 모습을 확대경에 비추어보는 것과 같다. 그러니 우리는 여전히 이분법의 사고를 하고 있는 것이다.

나는 여기에 있고, 신은 거기에 있다. 그리고 둘 사이에 의사소통의 유일한 방법은 신에게 도움을 청하는 것이다. 가끔은 신을 만나는 느낌을 가질 수 있을지 모르지만, 그러나 이러한 방식으로는 진정한 소통이 이루어질 수 없다. 절대로 신과 일체감을 얻을 수 없다. 왜냐하면 그러한 관계에서는 이미 결론이 나와버린 고정관념이 존재하기 때문이다.

우리는 이미 그것을 전적으로 받아들인 상태에서, 단지 그 위대한 무엇을 인간이라는 작고 미약한 그릇에 담아 보려는 노력을 계속할 뿐이다.

낙타가 바늘구멍을 통과할 수 없다. 그러므로 다른 방법을 찾아야 한다. 그리고 다른 방법을 찾는 유일한 길은 바로 우리 자신을 깊게 들여다보는 그 절대적인 단순함으로 돌아오는 일이다.

이 얘기는 '종교적'인 신앙이나, 이웃에게 친절하기, 자선단체에 기부금을 많이 내야 한다는 그런 문제가 아니다.

물론 이러한 행위들이야 아주 훌륭한 일이지만 말이다. 핵심
은 바로, 모든 것을 그저 맹목적으로 받아들여 이미 정해져
있는 틀에 그냥 고정시키는 것이 아니라, 스스로의 경험으로
부터 직접 그 본질을 볼 수 있도록 노력해야 한다는 것이다.

이것은 명상의 실천이 매우 중요한 것임을 우리에게 말해
주고 있다. 그런데 문제점은, 일반적으로 여러분들은 어떻
게 명상을 실천해야 하는가 하는 본질에 관련된 것보다는,
자기 말이 옳다고 증명하는 것에만 관심이 있는, 그러한 책
이나 수업, 강연회들을 찾아 다니고만 있다는 것이다.

우리는 어떠한 가르침을 전파하는 데에만 특별히 관심이
있는 것이 아니라 그 가르침을 실제로 활용하고 그래서 효과
를 보는 것에 관심이 있다. 세계는 너무나 빠르게 돌아가고
있어서 '증명'할 시간이 없다. 무엇이든 배운 것은 가지고
와서 요리하고 바로 먹으면 된다.

그러므로 전체적인 핵심은 우리 자신의 눈으로 보아야 한
다는 것, 그리고 마치 무슨 마술적인 힘이라도 그 안에 있는
듯이 기존의 전통을 무조건 받아들여서는 안된다는 것이다.

그냥 그렇게 우리를 바꿔놓는 마술이란 아무 것도 없다.

그런데도 우리는 마냥 기계적인 태도로 단추 하나만 누르면 다 해결되는 것을 찾고 있다. 지름길로 가려는 건 엄청난 유혹이다. 빠른 길을 알려주는 심오한 방법이 있다면 굳이 힘든 과정과 어려운 훈련을 하기보다는 그 길을 따르게 될 것이다.

여기에서 우리는 금욕주의가 갖고 있는 진정한 중요성을 알 수 있다. 즉 자기학대는 쓸모없는 것이지만, 어느 정도의 육체노동과 직접 몸을 움직이는 노력은 반드시 필요하다. 자동차나 비행기로 움직일 땐 마치 꿈속에서의 공간이동처럼 그 길을 모르고도 갈 수 있는 반면, 직접 걸어간다면 완벽히 그 길을 알 수 있다.

마찬가지로, 발전의 지속적인 양상을 알기 위해서는 자신의 몸으로 직접 체험을 통해 거쳐가야 한다. 이것은 가장 중요한 원리 중 하나이다. 그리고 이를 위해선 규율이 필요하다. 스스로 자기 자신을 다스리고 통제해야만 하는 것이다.

명상을 할 때나 또는 일상생활에서도 조급해지는 경향이

있다. 특히 시작하는 초반 단계에서 그냥 맛만 보고 버리는 경우가 생긴다. 제대로 먹고 충분히 소화를 시켜서 그 효과를 볼 여유가 없다. 당연히 직접 맛을 봐야 한다. 그래서 그것이 진실된 것인지, 진정으로 도움이 되는 일인지 알아내야 한다. 그러니 맛만 보고 그냥 던져버리기 전에 조금 더 깊게 경험해 봐야 한다. 그래야 최소한 초기 단계에서의 최초의 경험을 얻게 되는 것이다. 이것은 절대적으로 필요한 일이다.

이 역시 붓다가 깨달은 점이다. 그 때문에 나이란자나 강둑에 앉아서 몇 년 동안이나 거의 움직이지도 않고 명상 수련을 했다. 그는 자기 스스로의 방식으로 명상을 했고, 다시 세상으로 되돌아가는 것만이 유일한 해답이라고 믿었다. '마음의 깨어있는 상태'를 알아차렸을 때, 그는 금욕생활과 자기학대로 몰아가는 것은 도움이 되지 않는다는 걸 알았다.

드디어 그는 자리에서 일어나 먹을 것을 얻기 위해 내려갔다. 보드가야(Bodhgaya) 근처에서 첫 번째로 만난 사람은 소를 여러 마리 가지고 있던 부유한 여인이었다. 그 여인은 따뜻하게 끓인 우유에 꿀을 타서 붓다에게 주었다. 붓다는 우유를 마셨으며 맛있다고 느꼈다. 건강한 기운과 에너지가 솟아오르는 것을 느낀 붓다는 이후 명상 수련에 있어서 굉장한 발전을 거둘 수가 있었다.

진정한 자비의 출발

티벳의 훌륭한 요기였던 밀라레빠(Milarepa)의 경우에도 똑같은 일이 있었다. 오랜 수행 후 처음으로 바깥에 나가 제대로 요리된 맛난 음식을 받아먹었을 때, 그는 그 음식이 새로운 힘을 주었음을 깨달았고 더욱더 명상 수행에 정진할 수 있게 되었다. 또, 붓다는 바위 위에 오래 앉아 있는 것이 너무 아프고 힘들었기 때문에 편안하게 앉을 만한 장소를 찾아보았다. 어느 농부가 한 무더기 풀을 주어, 붓다는 나무 밑에 풀을 깔고 그 자리에 앉았다. 그는 억지로 무엇인가 이루려고 애쓰는 것으로는 답을 구할 수 없음을 깨달았다. 그리고 사실상 성취할 것도 전혀 없다는 것을, 얻으려 애쓸 것도, 얻을 것도 없다는 것도 처음으로 받아들이게 되었다.

그는 완전히 모든 욕망을 버렸다. 마실 것과 앉을 자리가 낙타가 바늘구멍을 통과할 수 없다.
그러므로 다른 방법을 찾아야 한다.
그리고 다른 방법을 찾는 유일한 길은
바로 우리 자신을 깊게 들여다보는
그 절대적인 단순함으로 돌아오는 일이다.

있으니 가능한 한 스스로를 편안하게 두었다. 바로 그날 밤, 마침내 그는 삼보디(sambodhi-삼매), 완전히 깨어있는 상태에 이르렀다. 그러나 그 자체만으로는 충분하지 않았다.

아직 모든 것을 극복하지는 못했던 것이다. 잠재되어 있는 온갖 욕망과 유혹, 두려움, 그리고 마지막 한 자락의 에고가 사악한 마라(Mara), 즉 악마의 형상으로 그 앞에 나타났다. 첫 번째 마라는 그의 예쁜 딸을 보내 유혹했으나 실패했다. 그리고는 잔악한 마라의 한 무리가 나타났다.

마지막 책략은 바로 에고였다. 그러나 붓다는 이미 '마이뜨리(maitri)', 즉 자애심을 얻었다. 결국에는 붓다 자신이 마라와 합일을 이루어 무저항 비폭력의 상태에 도달했다. 경전에 의하면 마라의 화살은 모두 꽃비가 되어 붓다 앞에 떨어져 내렸다고 한다. 그리하여 에고는 항복을 하고, 마침내 마음의 깨어있는 상태를 얻게 되었던 것이다.

우리도 어쩌면 짧은 순간이나마 명료하고 평화로운 순간 곧, 열린 마음의 체험을 갖고 있을지 모른다. 하지만 그것만으론 충분하지 않다. 어떻게 하면 그런 상태를 효과적으로

실행할 수 있는지를 배워 확장시킬 수 있도록, 그것을 하나의
중심축으로 활용해야 하는 것이다.

우리는 주변의 상황을 스스로 창조해야 한다. 그렇다면 더
이상 '나는 깨어있는 사람이야'라는 말을 할 필요조차 없게
된다. 만약 이런 식의 말을 하고 다니면서 깨달음을 말로 보
여줘야만 하는 사람이라면, 그는 깨어 있는 사람이 아니다.

그런 뒤에 붓다는 약 7주 동안을 걸었다. 어떤 면에서 그
는 철저히 혼자였다. 그는 아주 외로운 사람이라고도 할 수
있다. 깨달음을 얻은 유일한 단 한 사람이었기에 말이다.

그는 삶을 어떻게 대처해야 하는지, 이 속된 세상에서 어
떻게 하면 인생의 진정한 의미를 찾을 수 있는지 그 해답을
알고 있었다. 그러나 이것을 어떻게 전달해야 할지 확신이
없었기 때문에 그는 말을 하지 않기로 결심했다.

붓다의 말을 담은 경전에 이러한 구절이 있다. "깊고 무한
한 평화. 그것이 내가 깨달은 가르침이다. 그러나 누구도 이
것을 이해할 수 없으리라. 그러니 나는 이 정글 속에 홀로 침
묵으로 남으리라."

그러나 마침내 진실되고 굳건한 자비심을 얻어, 그는 자신의 힘으로 올바른 상황을 창조할 수 있음을 알게 되었다. 그때까지만 해도 그는 여전히 사람들을 가르쳐야 한다는 욕망이 있었다. 왜냐하면 그는 깨달음을 얻었고, 그것으로 이 세상을 구원해야만 한다고 느꼈기 때문이다.

그러나 모든 중생을 구원하리라는 그 생각을 버려야만 했다. 그리고 속세를 떠나 다시 정글 속으로 돌아가리라고 결심했던 바로 그 순간에, 그야말로 사심없는 진정한 자비가 그의 내면에서 일어났다. 그는 더 이상 스스로를 지도자로서 의식하지 않았다. 다른 이들을 구원해야 한다는 생각도 하지 않았다. 그러나 언제라도 그러한 상황이 스스로 벌어졌을 땐 자연스레 그 상황에 임했다.

다르마는 변하지 않는다

붓다는 40여 년의 세월을 설법과 가르침으로 보냈다. 그리고 평생에 걸쳐 인도의 한쪽 끝에서 다른 한쪽 끝까지 걸으며 수행하였다. 코끼리나 말, 마차도 타지 않았고, 오직 맨발로 인도 땅을 걸어 다녔다. 만약 우리 중 누군가가 그를 보았거나 그의 말씀을 들었다면, 붓다의 가르침은 우리가 지금 알고 있는 식의 강의는 아니었을 것이라 생각한다.

그것은 단지 간단한 대화였다. 무슨 중차대한 말씀이 아니라, 그가 만들어내는 상황 전체가 바로 가르침이었다. 그것은 붓다가 무슨 대단한 영혼의 힘을 성취하여 모든 상황을 장악했기 때문이 아니라, 단순히 진실한 존재로서 존재하는 진리였기 때문이다.

그러므로 그가 입을 열지 않아도, 입을 열기 전에 이미 가르침은 전해졌다. 바로 이러한 까닭에 각기 다른 인도의 모든 계층의 사람들, 심지어 신들과 악마들까지도 그의 설법을 듣고자 참여했고, 그를 보았고, 그를 만났고, 모두가 그의 말씀을 이해할 수 있었던 것이다. 그들은 모두 질문을 던질 필요조차 없이 자동적으로 해답을 얻었다. 이것이야말로 진정한 소통의 훌륭한 사례이다. 붓다는 단 한번도 자신을 어느 신의 화신으로, 혹은 어떤 특별한 신성한 존재라고 주장하지 않았다. 그는 모든 일들을 직접 경험했고, 겪어냈고,

그리하여 마음의 깨달은 상태를 성취한 한 사람일 뿐이었다. 최소한 부분적으로나마 우리 중 누구도 그러한 경험은 가능하다. 말을 한다는 것만이 의사소통을 위한 유일한 방법은 아니라는 것을 우리는 알 수 있다. 단지 '안녕하세요?', '어떻게 지내셨어요?' 라는 말을 할 뿐이더라도, 우리가 뭐라고 말을 하기 이전부터 이미 소통은 이루어지고 있다. 또한 말을 마친 이후에도 어떤 식으로든 소통은 지속된다.

그 모든 과정은 자기중심적인 것이 아니라, 진실되고 정교한 고도의 방식으로 기술적으로 진행되는 것이다. 그래야만 개념의 구분이 사라지고, 진정한 소통이 구축된다. 이것은 오로지 자기 자신의 경험을 통해서만 찾을 수 있는 것이지, 단순히 다른 사람들의 경우를 따라한다고 해서 얻을 수 있는 것이 아니다.

금욕주의도, 또는 우리가 예상할 수 있는 어떠한 상황도 답을 제공해주지 않는다. 현상 세계에서, 혹은 다른 사람들로부터 답이 나올 것이라는 기대를 하기보다는 제일 먼저 우리 자신을 직접 움직여야만 한다. 만약 번화가 한복판에 위치한 집에서 명상을 하고 있는 경우 조용한 평화를 원한다고 해서 들려오는 교통소음을 멈출 순 없다. 그러나 우리는 우리 자신을 멈출 수는 있다. 그 소음을 있는 그대로 받아들이는 것이다. 소음에도 침묵의 순간이 있다.

붓다가 그랬듯이, 바깥으로부터 기대하는 것이 아니라 스스로가 그 안으로 들어가야만 한다. 그리고 어떠한 상황이 일어나든지 그 상황을 있는 그대로 받아들여라. 그 상황 자체를 건드릴 수 없는 한 그것은 언제나 하나의 수단이 될 수 있다. 따라서 우리는 그 상황을 이용할 수 있게 된다.

경전에 의하면, '다르마(Dharma-법. 진리)는 시작도 중간도 그리고 결과적으로도 언제나 선하다.' 다시 말해 근본적으로 상황이 달라지지 않는 한 다르마는 결코 변하지 않는다.

2. 깨달음의 밭에 경험이라는 거름

The Manure of Experience and the Field of Bodhi

깨달은 자는 욕망과 열정을
무조건 던져 버리는 게 아니라 그 모두를 모아둔다.
훌륭한 깨달음이란
모든 부정적인 것들도 인식하고 받아들인다.
소위 힘들고 더러운 일이더라도 오직 받아들이는 것으로부터
시작하는 길임을 진정으로 알게 된다.
그런 다음 깨달음이라는 밭에 그것들을 뿌리게 된다.

2. 깨달음의 밭에 경험이라는 거름
받아들이는 것으로 시작하라

깨달음에 부족한 사람은 없다

어떻게 하면 '의식의 깨어있는 상태' 인 삼매를 얻을 수 있을까? 그대가 인생이라는 물살에 발이 묶여 어떻게 시작해야 할지조차 모를 때, 그땐 세상이 온통 불확실로 가득하다. 끊임없는 망상이 짓누르고, 생각이 왔다 갔다 혼란스럽고, 각종 욕망이 계속해서 일어난다. 만약 거리의 부랑자에 비유할 수 있다면, 그는 아무런 기회조차 없는 상태이다. 왜냐하면 그는 결코 진정으로 자신의 내면을 들여다 볼 틈이 없기 때문이다. 필요한 책을 찾아 읽는다거나 엄격한 생활방식에 입문하려고 하지 않는 한, 아니 그렇다 하더라도 달리 가능성이 없어 보인다. 새로 시작할 방법이 전혀 없다.

사람들은 '영적인 생활'과 '일상생활'을 아주 명확하게 구분 지으려는 경향이 있다. 어떤 사람에게 '세속적이다' 또는 '영적이다'라고 꼬리표를 붙이고, 금세 그 두 종류 사이에 엄격한 금을 그어 놓는다. 그러니 만약 어떤 이가 명상이 어떻고 의식과 이해가 어떻다고 늘어 놓는다면, 그런 말들을 전혀 들어본 적이 없는 평범한 사람들은 무슨 소리인지 갈피를 잡지 못할 것이고 제대로 얘기를 들어볼 관심조차 갖지 않을 것이다. 그리고 바로 이러한 구분 때문에 그 사람은 다음 단계로 나아갈 수도 없고, 다른 사람들뿐 아니라 심지어는 자기 자신과도 진정한 소통을 할 수 없어 포기해 버리고 마는 것이다.

가르침, 교육, 명상의 글들, 이러한 모든 것들은 무척 심오해 보이기는 한데 무슨 말인지 도무지 그 내용들을 파악할 수 없고, 그러니 결과적으로 전혀 무용지물이다. '영적인 성향'의 사람이건 혹은 '세속적인 사람'이건, 그 둘 사이의 간격을 해결할 방법은 없는 듯하다.

나는 이것이야말로 삼매를 일으키는 데 있어서 가장 큰 장애물 중 하나라고 생각한다. 그뿐 아니라 이미 수행의 길에 들어선 사람들도 회의를 품게 되고 포기하고 싶어지는 일이 생기게 된다. 그들은 아마도 수행을 포기하고 그냥 불가지론자로 남는 것이 오히려 행복하다고까지 생각할는지 모른다.

그렇게 되면 순조로운 흐름이 끊어지고 하나에서 다음 하나로 자연스레 연결되지 못한다. 이것이야말로 삼매를 일으키는데 방해가 되는 것이다. 그러므로 우리는 이 문제를 살펴봐야 한다. 거리의 부랑자에겐 그가 이해할 수 있는 개념으로 길을 찾을 수 있는 해결의 실마리를 주어야 한다. 그래야만 그것이 그의 인생과 연결되어 그의 삶에 도움을 주게 될 것이다.

물론 여기에도 그의 마음을 갑자기 바꾸어놓을 그 어떤 마법이나 신비는 없다. 단지 몇 마디 말을 건네고, 그렇게 되기를 바랄 뿐이다. 심지어 예수나 붓다와 같은 위대한 스승들도 그러한 기적을 일으키지는 못했다. 그들은 항상 적당한 기회를 찾고, 또 그런 적합한 상황을 만들어야만 했다.

그 사람의 성격을 잘 들여다보면 무엇이 문제이고 방해물인지 알 수 있다. 그러면 더 깊게 들어가는 일은 한결 수월해진다. 혼란스럽게 얽혀 있는 문제들을 푸는 데엔 아주 오랜 시간이 걸리기 때문에 엉켜 있는 매듭을 풀기 위해선 그런 노력을 해야 한다.

그러므로 또 다른 각도에서 접근해볼 필요도 있다. 상대방이 갖고 있는 고유한 특성을 있는 그대로 받아들이는 것으로부터 시작하는 것이다. 그 사람이 그야말로 완전히 세속에 찌든 사람일지라도 말이다. 그런 다음에 그 사람의 행동 양태나 정신 상태 중에서 어느 특정한 측면을 선택하고, 그것을 하나의 사다리로 혹은 닻이나 수단으로 사용하는 것이다. 그렇게 하면 심지어 거리의 부랑아라도 삼매를 얻을 수 있다.

'붓다는 깨달은 사람'이라고 사람들은 분명히 말한다. 그리고 그의 정신과 가르침은 모든 만물에 적용되는 보편적인 법칙이요, 가장 숭고하고 강력한 열린 사회에 대해 말하고 있기에 붓다는 여전히 살아 있다. 그러나 여전히 대다수의 사람들은 그런 생각을 할 여지조차 없다. 그렇기 때문에 어떻게든 올바른 방법을 찾아내야만 한다.

우리는 항상, 개인은 자기만의 고유한 성격을 가지고 있음을 보게 된다. 지성적이지도 않고 전혀 인격적이지 않은 사람도 있다. 사람에게 각자 자기 자신의 고유한 성질이 있다는 것은 사실이다. 무지하게 폭력적이거나 엄청 게으른 사람일 수도 있다. 그러나 그것을 단지 특정한 성질로 받아들여야지, 잘못이나 결함으로 볼 필요는 없다. 왜냐하면 깨달음이란 이미 내면에 존재하는 것이기 때문이다. 그것은 씨앗이다. 또는 그보다, 깨달음을 낳을 수 있는 온전한 잠재력, 깨달음에 의해 이미 내장되어 있는 능력이다. 어느 경전에서 말하듯이 '붓다의 본성은 모든 중생들에게 널리 퍼져 있어 부적합한 후보자란 있을 수 없다.'

가르침은 항상 열려 있다

불교의 경전은 붓다의 죽음, 즉 해탈(nirvana) 이후에 엮은 것이다. 신과 인간으로 구별되는 세계에선 붓다의 가르침이 과연 길이 남을 수 있을까 의심하기 시작했다. 왜냐하면, 이제 위대한 스승은 가고 없으니 남은 건 오직 명상 수행하는 승려들뿐이었는데, 그들은 그다지 뭔가 하는 것도 없는 것 같고, 할 능력도 없어 보였기 때문이었다. 그래서 붓다의 제자 중 한 사람은 매우 한탄하며, 이제 욕망과 증오, 현혹과 기만으로 가득한 윤회가 계속될 뿐 붓다의 가르침을 들을 기회가 없으니 다시 어둠의 세계로 빠져들 것이라 하며 슬퍼했다.

그렇다면 어떻게 해야 하는가? 바로 그때 그의 마음 속에 대답이 떠올랐다. 붓다는 죽은 것이 아니라고. 붓다의 가르침은 영원히 존재하며, 붓다의 탄생과 죽음은 단지 하나의 생각, 관념일 뿐이라고.

사실상 어느 누구도 예외일 수 없다. 모든 중생들과 모든 존재는 깨달음의 상태를 얻을 수 있는 후보자가 될 수 있고, 누구나 깨달은 사람이 될 수 있는 것이다. 의식을 갖고 있는 모든 사람들, 마음을 갖고 있는 사람이라면 누구라도, 혹은 무감각한 마음의 소유자일지라도 말이다.

이렇듯 여기엔 그 어떤 비밀법칙이나 특별한 일부에게만 적용되는 특수한 가르침이란 없다. 가르침에 있어선 항상 열려 있다. 완전히 열려 있고 지극히 평범하며 단순한 것이다. 그것은 이미 개인의 심성 안에 존재하는 것이다.

어떤 사람이 습관적인 주정꾼이나 상습적인 폭군일 수도 있다. 하지만 그러한 특성도 그의 잠재성이다. 깨달음을 일으킬 수 있도록 돕기 위해서는, 무엇보다도 그 사람의 그러한 특성을 존중하고 그 안에 존재하는 폭력성에 마음을 열어야 한다. 그리고 그 사람을 있는 그대로 받아들이고 그의 내면으로 깊게 들어가, 폭력성이 갖고 있는 격렬하고 동적인 에너지가 영적인 삶의 에너지로 전환될 수 있도록 해야 하는 것이다.

이것이 첫 번째 단계로서 첫 번째 연결고리가 된다. 아마 그 사람은 자신이 옳지 못한 잘못을 저지르고 있다는 후회를 느낄 수도 있다. 자신에게 엄청난 문제점들이 있음을 알고 해결하고 싶다고 느낄지 모른다. 그러나 문제를 다 해결할 순 없다. 아마도 해결책을 찾는 과정에서, 할 수 없는 일을

2. 깨달음의 밭에 경험이라는 거름

단지 다른 행동들로 대신하게 된다. 그러므로 깨달음의 상태에 이르는 길은 그 사람의 마음과 행동에 존재하는 간단하면서도 직접적이고 평범한 일들을 통해 이루어지는 것이다.

물론 이 방법을 일반적으로 마냥 적용할 수만은 없다. 일반화를 시킬 필요도, 그렇다고 그 상태에 대해 철학적인 개념으로 설명하려 애쓸 필요도 없다. 그 사람이 처한 특정한 순간을 살펴봐야 하는 것이다. 바로 '지금(nowness)'의 그 순간을 말이다. 거기엔 항상 단서가 되는 차이점이 존재하기 마련이다.

사람의 성격이란 단순하지 않다. 적극적인 행동을 하다가도 수동적이 되기도 하고, 그런 다음 다시 적극적이 되고, 그렇게 끊임없이 변화한다. 첫 번째 순간이 일어나면, 그건 또 다음 순간을 일으킨다. 그러므로 이러한 두 시기엔 항상 차이가 생긴다. 바로 그 차이를 시작점으로 삼아야 한다.

몇 가지 이론적인 틀을 가지고 시작해볼 수도 있다. 왜냐하면 혼돈의 세계인 삼사라, 즉 윤회를 존중하지 않고는 깨달음의 상태 또는 해탈의 세계도 발견할 수 없기 때문이다.

51

윤회는 바로 해탈에 이르는 수단이자 관문이다. 그러니 폭력
적인 성격도 괜찮다. 놀랍고도 긍정적인 부분이 그 안에도
있다.

그리고 그 사람은 바로 이 점을 깨닫기 시작하는 것이다.
처음엔 도대체 무슨 좋은 점이 있는지 의아하고 당혹스러울
수도 있다. 그러나 폭력성이 갖고 있는 사람을 현혹시키는
부분을 넘어설 수 있다면, 적어도 긍정적인 느낌을 받을 수
있다. 그러면서 그는 자신이 단순히 '죄인'이 아니라 자신에
게도 매우 긍정적인 부분이 있다는 것을 깨닫기 시작한다.

바로 이것이 명상 수행을 할 때와 똑같은 점이다. 처음엔
자신의 약점들만 보일 수 있다. 마음이 왔다갔다 하다가,
미래를 계획하기도 하고, 또 어느 정도는 편안해질 수도 있
다. 그러다가 무언가 마음 속에 떠오른다. 그러니 명상이라
기 보다는 마치 이러한 것들을 생각하기 위해 특별히 자리
잡고 앉아 있는 느낌이다. 그러나 이런 과정을 통해서 우리
는 무언가를 새로 발견하게 된다. 이것은 매우 가치 있는 일
이다.

무엇이든 받아들여라

어떠한 이론이나 아무런 개념 없이 곧장 시작할 수는 없다고 경전에는 종종 나와 있다. 그러므로 개념을 가지고 시작하고, 그런 뒤에 이론으로 구축하라. 그러면 그대는 그 이론을 활용하는 셈이고, 이는 서서히 지혜에 이르는 길을 제시해준다. 지혜는 직관적인 지식을 낳고 그러한 지식은 마침내 현실과 만나게 된다. 그러므로 시작을 위해서는 거부반응이 아니라 인정을 해야 한다.

예를 들어, 만약 누군가를 돕고 싶다고 할 때 거기엔 두 가지 방법이 있다. 하나는 상대방이 달라지기를 바라기 때문에 도와주겠다고 하는 방식이다. 즉 그대의 생각에 맞춰 상대방을 다루고, 상대방이 그대의 방식을 따라주기를 원한다. 물론 이것도 역시 자비로운 마음이다. 자아와 목표가 있는 자비, 그래서 결과적으로 그대 자신에게도 이익이 되는 자비이다.

그러나 이건 진정한 의미의 자비가 아니다. 그저 다른 이들을 돕겠다는 그대의 계획이다. 이러한 계획도 좋지만, 그

지나간 전생의 모든 흐름과
오늘날까지 현생의 삶 모두를 같이 존중해야 한다.
그러면 그 속엔 놀라운 양상이 존재한다.
강물은 고요하고 아름답지만
그 안엔 강한 물살이 흐르고 있다.
그 흐름을 막으려고 애쓰기보다
합류하여 그 흐름을 활용해야 한다.

러나 이 세상의 구원과 평화를 바라는 감정적인 접근만으론 충분하지 않다. 그 이상의, 그보다 더 깊은 무엇이 있어야 한다. 그러므로 제일 먼저 개념을 존중하는 것으로부터 시작해야 한다.

사실 불교의 가르침에서 개념이란 방해물로 여겨지는 것이 일반적이다. 그러나 그런 장애가 뭐든지 못하게 막는다는 의미가 아니다. 장애물이면서 그것이 또한 수단이 될 수 있다. 모든 게 다 그렇다. 그러므로 개념에 대한 특별한 주의가 필요하다.

경전에 이런 이야기가 있다. '무능한 농부는 더러운 쓰레기라고 다 버린 후에 다른 농부에게서 비료를 사들인다. 그러나 유능한 농부는 악취 나는 힘든 작업이지만 쓰레기를 꾸준히 모아 때가 되면 밭에다 뿌려 그 땅에서 곡식들이 자란다.' 아주 훌륭한 방법이다.

붓다는 그와 똑같은 방식을 말하고 있다. 무능한 사람은 깨끗한 것과 더러운 것을 구별하면서 속세를 버리고 해탈을 얻겠다고 애쓴다. 그러나 깨달은 자는 욕망과 열정을 무조

건 던져 버리는 게 아니라 그 모두를 모아둔다. 먼저 그 자체
를 알아차리고, 인식하고 살펴보면서 깨달음으로 끌어내야
한다.

훌륭한 깨달음이란 모든 부정적인 것들도 인식하고 받아
들인다. 그리고 바로 그때 이러한 모든 나쁘다는 것들이 내
안에도 존재하고 있으며, 소위 힘들고 더러운 일이더라도 오
직 받아들이는 것으로부터 시작하는 길임을 진정으로 알게
된다. 그런 다음 깨달음이라는 밭에 그것들을 뿌리게 될 것
이다. 이러한 모든 개념들과 부정성을 이해하고, 때가 되면
이젠 더 이상 그러한 것들을 갖고 있는 게 아니라 밭에 뿌리
고 비료로 사용하게 된다. 그러므로 더러운 것으로부터 깨달
음이라는 씨앗이 탄생하는 것이다.

이것이 바로 우리가 실천해야 할 방법이다. 나쁘다는 개
념과 나쁘다는 생각이 전체를 자꾸 나누게 되고, 그 결과 그
대는 어느 것도 그 자체로서 있는 그대로 다룰 수 없게 된다.
이런 경우엔 그야말로 완벽해야 하거나, 그렇지 않으면 모든
것들과 맞서 싸워 전부 쓰러뜨려야 할 것이다. 그러나 그대

2. 깨달음의 밭에 경험이라는 거름

가 이런 적대적인 태도로 짓누를 때마다, 하나를 쓰러뜨리면 또 다른 하나가 바로 그 자리에 다시 솟아나고, 하나를 공격하면 다른 또 하나가 다른 곳에서 튀어나올 것이다. 에고의 끝없는 속임수로 인해 그대가 한쪽 매듭을 풀려고 실을 잡아 당기면 다른 곳이 더 조여지게 되고, 그러다 보면 계속해서 점점 더 엉키게 된다. 그러므로 더 이상 싸우려고만 들지 말고, 나쁜 건 골라 버리고 좋은 것만 가지려 할 것이 아니라 그 모두를 존중하고 그 자체를 인식해야 한다.

그렇기 때문에 개념이나 이론 역시도 마치 좋은 비료처럼 중요한 것이다. 수천 번의 수많은 생을 거치며 우리는 엄청나게 많은 쓰레기들을 모아왔으니, 이제는 풍부한 비료를 갖고 있는 셈이다. 그 안엔 모든 것이 있다. 반드시 쓸 만한 것이 있을 것이다. 그러니 그냥 던져 버리는 건 바보 같은 짓이다. 그냥 던져버린다면, 지금까지 아마 20년 30년 혹은 40년간의 소중했던 그대의 인생을 낭비하게 되는 것이다. 그리고 단지 그대의 인생뿐 아니라 앞으로도 수많은 인생들이 허비되고 실패했다고 느끼게 될 것이다.

그러면 이제껏 쌓아온 모든 노력이 몽땅 헛수고가 되고 출발점에서부터 전부 다시 시작해야 한다. 아무 것도 얻은 게 없고 오직 엄청난 실망과 패배감만 남을 것이다. 그러므로 지속적으로 변하는 패턴을 존중해야 한다. 모든 종류의 일들은 제각각 같은 근원에서 떨어져 나와 일어났던 것일 수 있다. 모두가 다 특별히 좋은 것만은 아닐 것이다. 오히려 바람직하지 못한데다 부정적인 것들도 있다. 이 단계에선 좋은 것도 나쁜 것도 있을 수 있다. 그러나 각각의 집합을 들여다 보면, 나쁜 것으로 보이는 좋은 것들도 있고 좋은 것으로 보이는 나쁜 것들도 있다.

지나간 전생의 모든 흐름과 오늘날까지 해당하는 현생의 삶 모두를 같이 존중해야 한다. 그러면 그 속엔 놀라운 양상이 존재한다. 많은 물줄기들이 하나로 모이는 아주 강력한 흐름이 이미 존재하는 것이다. 강물은 매우 아름답지만 그 안엔 강한 물살이 흐르고 있다. 그러니 그 흐름을 막으려고 애쓰기 보다는 물살에 합류하여 그 흐름을 활용해야 한다.

그저 계속해서 뭐든지 모아두기만 하라는 말이 아니다.

깨어있는 지혜가 부족한 사람은 비료를 모은다는 개념을 제대로 이해하지 못한다. 모아둔 것을 알아차려야 하고, 그래서 어느 지점에 도달하게 되면 이젠 이러한 비료가 쓰여져야 할 때가 왔음을 알게 된다.

쓰레기를 비료로 바꾸는 지혜

진리를 찾고자 했던 두 명의 절친한 친구에 관한 일화가 있다. 어느 날 그들은 스승을 찾아갔다. 스승이 말하길 "그 어느 것도 버리지 말라. 모든 것을 받아들여라. 그리고 한번 받아들인 것은 올바르게 사용하여라."

그러자 한 친구는 이렇게 생각했다. '대단한데. 그럼 난 이제껏 내가 하던 대로 내 식대로 살면 되겠군.' 그리고는 유곽을 즐비하게 차리고, 푸줏간, 술집 등 여태 해오던 일을 계속했다. 그는 점점 더 크게 사업을 벌였고, 이러한 일들이 자신의 할 일이라고 생각했다.

그러나 다른 친구는 이런 방법이 옳다고 생각지 않았다. 그는 자신을 잘 살펴보고 스스로를 들여다보았다. 자신은 이미 충분히 갖고 있으니 더 이상 물질을 끌어 모을 필요는 없겠다는 결론을 내렸다. 그렇다고 해서 어떤 특정한 방식의 명상 수련을 해야겠다고도 생각하지 않았다. 그 안에 이미 존재하고 있는 것들을 인식함으로써 깨달음의 한 단계에 도달했던 것이다.

그러던 어느 날 두 친구는 그간의 경험들을 서로 이야기했다. 첫 번째 친구는 여전히 똑 같은 일들에 묶여 있었다. 사실상 그는 점점 더 나쁜 상황으로 빠져들었고, 그런 자신을 점검해볼 수조차 없었다. 두 사람은 각각 자신이 옳다고 확신했기에 스승을 찾아가 의논하기로 했다. 스승은 사업가 친구에게 "잘못된 길을 가고 있으니 안타깝다"고 말했다. 그러자 그 친구는 너무나 실망한 나머지 칼을 빼어 들어 그 자리에서 스승을 살해하고 말았다.

다시 우리의 주제로 돌아가면, 이건 매우 중요한 예이다. 이 이야기에 담긴 뜻은, 긍정적인 관점을 발전시키고 그대 자신이 이미 훌륭한 재산을 갖고 있음을 인식해야 한다는 것이다. 어떤 의미에서는 자기 내면의 생각과 뜻을 알아차리고

깨달음의 핵심은
'깨어있는 상태'만을 이해하겠다고 애쓰면서
그 이면을 모르는 척 애써 부정하는 게 아니다.
왜냐하면 그건 결국 자기 자신을
속이는 길이 되기 때문이다.

발전시켜야 한다는 것이기도 하다.

　그런데 우리는 오히려 그것을 무시하거나 내팽개치는 경향이 있다. 던져버리지 말고 가꾸어야 한다. 이 말은 책을 많이 읽고 철학적인 논쟁과 토론을 하라는 의미가 아니다. 이 또한 사업에만 빠졌던 그 친구의 경우처럼 하나의 일방적인 방식이 될 수 있다. 단지, 이미 그대가 갖고 있는 재산이 충분하니 단지 그대로 나아가라. 마치 물건을 사려는 사람이 제일 먼저 물건을 확인하고 그 다음엔 돈을 얼마나 갖고 있는지 생각해보는 것처럼 말이다.

　아니면 지나간 일기를 읽으면서 내가 자라온 저마다 다른 단계들을 되짚어보는 일과 같이 자신을 들여다 보아라. 다락방에 올라가 오래된 상자들을 일일이 열어보다가 세 살 때 받은 낡은 인형이나 오래된 장난감들을 발견하고, 그 물건들에 얽힌 기억들이 함께 떠올라 곰곰이 생각에 잠기는 일처럼 말이다.

　이런 식으로 그대는 '나는 누구인가'에 대해 온전히 생각해볼 수 있다. 그리고 그것은 끊임없이 무언가를 만들어내는 것보다 훨씬 중요한 일이다. 깨달음의 핵심은 '깨어있는 상태'만을 이해하겠다고 애쓰면서 그 이면을 모르는 척 애써 부정하는 게 아니다. 왜냐하면 그건 결국 자기 자신을 속이는 길이 되기 때문이다.

알다시피, 그대는 그대 자신의 가장 가까운 벗이며 최고의 동반자이다. 우리는 자신의 약점과 변덕스러움을 잘 알고 있다. 내가 얼마나 많은 잘못을 했는지, 나 자신은 그 모든 일들을 속속들이 알고 있다. 그러니까 일부러 모르는 척 하거나, 또는 잘못은 생각하지 않고 오로지 좋은 쪽만을 생각하려는 억지 노력도 도움이 되지 않는다. 그건 결국 일종의 더러운 쓰레기들을 쌓아만 두고 있는 셈이다.

그리고 그런 식으로 쌓아만 둔다면 깨달음의 밭에서 곡식을 거두기 위한 비료로 쓰이질 못하게 된다. 그렇기 때문에 심지어는 그대의 어린 시절로까지 거슬러 올라가 생각해 봐야 할 때가 있다. 전생까지 거슬러 올라갈 엄청난 능력이 있다고 한다면, 물론 그렇게 해서 지나온 삶들을 이해해야만 한다.

브라마 신에 관한 일화도 있다. 어느 날 브라마가 붓다의 설법을 듣기 위해 찾아갔다.

붓다가 물었다. "그대는 누구인가?"

브라마는 처음으로 자기 자신에 대해 생각해보기 시작했고, 자기 내면을 들여다보자마자 그는 더 이상 참을 수가 없어 소리쳤다. "나는 브라마, 위대한 브라마, 최고의 신 브라마다."

그러자 붓다가 물었다. "그럼 그대는 왜 여기에 와서 내 얘기를 듣고 있는가?"

브라마는 말했다. "나도 모르겠소."

붓다가 이렇게 말했다. "이제 그대의 과거를 되돌아보시오."

수많은 전생을 볼 수 있는 뛰어난 능력을 가지고 있던 브라마는 자신의 과거를 보게 되었고 더 이상 견딜 수가 없었다. 그는 붓다 앞에 주저앉아 그저 울고만 있었다. 그러자 붓다가 말했다. "잘했어요. 잘했어요."

브라마는 자신의 먼 과거를 볼 수 있는 놀라운 능력을 발휘했고, 결국은 모든 것을 분명히 보게 되었다. 이 얘기는 누구나 자신을 무너뜨리고 나쁜 감정을 겪어봐야 한다는 게 아니라, 하나도 남김없이 자신의 모든 것을 살펴보는 일이 매우 중요하다는 얘기이다. 그것으로부터 시작해야 어느 것도 외면하지 않고 전체를 꿰뚫어보는 온전한 관점을 얻게 되는 것이다. 마치 우리가 어느 지형을 바라볼 때, 나무도 보고 길도 보고 그 외 모든 것들까지 함께 담아서 전체적인 경관을 한눈에 바라보듯이 말이다.

두려움과 기대심 역시도 점검해야 한다. 죽음에 대한 두려움이 있는지, 나이 먹는 것을 두려워하는지, 자신의 추한 모습이나 무능력, 어떤 종류이든 신체적인 결함에 대해 못마땅하게 느끼고 있는지, 그런 모든 것들을 살펴본다. 또한 스스로에 대해 갖고 있는 심리적인 이미지와 기분 나쁘게 생각되는 모든 것들에 대해서도 점검해야 한다.

처음 이런 과정을 겪을 때는 마치 브라마가 보였던 모습처럼 시작 단계에서는 매우 힘들고 고통스럽다. 그러나 이것만이 유일한 방법이다. 때로는 너무 힘들었던, 떠올리기조차 힘

행복한 명상

든 가슴 아픈 부분을 건드리기도 한다. 그러나 그럴지라도 어떻게든 겪어내야 한다. 그러한 과정을 통해서만이, 우리는 자기 자신을 드디어 처음으로 전체적으로 발견하게 되고 자신을 다스릴 수 있게 된다. 그랬을 때, 자신의 부정적인 측면을 파악하고, 또한 긍정적인 생각들도 함께 얻어낼 수 있다.

아직은 어떤 단계에 도달한 건 아니다. 지금은 단지 비료를 모으는 기본 단계를 시작한 셈이다. 이제부턴 그것을 연구해서 어떻게 활용해야 하는지를 공부해야 하는 것이다.

정글 속을 걸어가는 코끼리처럼

이제 우리는 긍정적인 측면을 발전시켜서 어느 정도의 이해를 거두었다. 이런 게 바로 진정한 이론이다. 이론은 여전히 이론이지만, 이론이라고 해서 그냥 밖으로 던져버리지는 않게 되었다. 사실 이러한 결론은 바로 그대들이 직접 이끌어낸 것이다. 그대의 지성으로 끊임없이 지속적으로 이뤄낸 산물이다. 지적인 작업도 어느 정도까지였을 뿐, 책을 참고 한다거나 대화나 토론조차 없이 꾸준히 노력해온 것이다. 그건 바로 깊은 사색과 직접 체험에 의한 공부다.

그러므로 이론이란 그 자체의 모양을 다루고 발전시키는 일이다. 그런 다음에 그대가 행했던 긍정적인 일들뿐 아니라 그대 안에 존재하는 깨달음의 요소들을 발견하기 시작한다. 그리고 그대는 이처럼 멋진 이론을 만들어낼 위대한 능력이 자신에게 있었음을 깨닫게 된다.

물론 이 단계에서 깨달음의 상태에 도달했다고 느끼는 경우가 종종 발생한다. 그러나 그건 실수다. 이러한 최초의 발견 단계에서의 엄청난 흥분과 기쁨, 감격은 당연하다. 그러나 계속해서 나아가야 한다. 그래서 이러한 단계들을 모두 거치고 연구하고 탐험해야만 멈추지 않는 자신만의 이론을 찾게 되는 것이다.

다른 평범한 이론들은 철학 책이나 경전 등을 읽고 나면 어찌하여 정지해버린다 해도, 이 이론은 진행형이다. 계속해서 연구하고 발견한다. 물론 가끔씩은 이 이론도 멈추곤 한다. 어느 지점에 이르면 전체적으로 지나치게 사로잡혀 있는 경우가 있다. 너무나 강한 열망으로 추구하다보니 어느 순간 정지하고 더 이상 나아갈 수 없게 되기도 한다.

그렇다고 해서 실패나 문제점은 아니다. 어떤 한 가지 생각으로 너무 몰아가거나, 지나치게 뭔가를 알아내려고 하는 마음에 무리를 하게 된 경우이다. 그랬을 땐 열망과 미혹을 버리고 조금 다른 방법으로 조절해야 한다. 그리고 경전에 나와 있듯이, 마치 코끼리의 걸음처럼 한발 한발 감정에 치우치지 말고 아주 천천히 걸어가야 한다. 위엄 있게 한 걸음씩, 마치 정글 속을 걸어가는 코끼리처럼 한 걸음씩 걸어가라.

답은 이미 그 자리에 있었다

꾸준한 노력이 더디게만 느껴질 수도 있을 것이다. 그러나 밀라레빠는 이렇게 말했다. "천천히 서둘러라. 그러면 곧 도착할 것이니." 이때쯤 되면 이론은 더 이상 이론이 아니다. 어쩌면 이것도 역시 하나의 관념일 수도 있다. 그렇기 때문에 수많은 가상의 것들이 나타나게 된다.

심지어 이러한 상상은 일종의 착시현상과도 같은 환각을 일으킬 수 있다. 그러나 다시 한번, 여기서 포기하면 안된다. 다시금 길을 찾기 위해 되돌아갈지언정 잘못된 함정에 빠졌다고 생각해선 안된다. 사실상 우리는 상상을 이용하는 것이다. 그러므로 이론은 상상을 불러오고, 상상은 직관적인 지식의 시작이 된다. 그랬을 때 우리는 우리 자신이 상상력이라는 엄청난 에너지를 가지고 있음을 알게 되고, 이제 서서히 한 걸음씩 나아가게 되는 것이다.

그 다음 단계는 단순한 상상력의 단계를 넘어선다. 이것은 절대로 환각이 아니다. 단지 상상보다도 훨씬 더 실제적인 무엇인가가 우리 안에 있다. 그것이 여전히 상상에 의해 입혀진 색깔이라 하더라도 말이다. 전체적인 윤곽은 이러한 종류의 상상에 의해 모양을 갖추었지만, 동시에 그 안에는 무엇인가가 있다.

예를 들면, 그건 어린이 책을 읽는 것과도 같다. 어린이 책은 어린이들을 위해 쓰여진 것이다. 철저히 상상에 의해서 말이다. 그러나 그 속에 역시 무엇인가가 있다. 또한 어떤 이야기 속에도 마찬가지로 존재한다. 그때의 상상이란 그저 환영이 아니라 진정한 상상이다. 만약 다시 이론을 되돌아보고 우리가 거쳐왔던 그 긴 여정의 첫 번째 한걸음으로까지 되돌아간다 해도, 그건 아주 피곤하고 불필요한 일처럼 보일 수 있겠지만 실은 전혀 그렇지가 않다. 그건 절대 시간낭비가 아니다.

밭에 골고루 비료를 뿌렸으니 이제는 씨를 뿌리고 곡식이 열리길 기다릴 때가 되었다. 이것이 첫 번째로 필요한 준비이고, 지금은 발견을 위한 준비인 셈이다. 이미 발전적인 발견은 시작되었다. 물어보고 싶은 궁금증들이 많이 있을 것이다. 여전히 불확실한 것들 투성이다. 그러나 사실 이 단계에서는 질문을 던질 필요가 전혀 없다. 아마도 우리는 단순하게 이건 이렇고 저건 저렇다고 말해줄 어떤 외부의 상대를 필요로 할지 모른다. 답은 이미 우리 안에 있는데도 말이다.

질문이란 최초로 드러나는 층과 같은 것이다. 마치 양파 껍질처럼 껍질을 벗겨냈을 때 답은 이미 그 자리에 있다. 이것이 바로 훌륭한 논리학자이자 불교철학자였던 무착(無着)이 말했던 '직관의 상태' 이다. 직관의 상태에서 진정으로 논리를 연구한다면 답은 내부에 있다는 것을 알게 된다. 그러므로 우리는 답을 찾아 헤매 다닐 필요가 없다. 왜냐하면 문제 자체에 이미 답이 들어 있기 때문이다.

핵심은 그 안으로 깊게 들어가는 일이다. 이것이야말로 논리학의 진정한 의미이다. 이 단계에 이르면 우리는 어떠한 종류의 느낌을 갖게 된다. 상상은 하나의 감정이 되는 것이다. 그 느낌이란, 지금 막 입구에 들어선 듯한 그런 느낌 말이다.

3. 전승

Transmission

전승의 올바른 상황이 갖춰지면,
그때엔 스승도 제자도 사라지고 아무 것도 없다.
스승은 하나의 **입구**로서 작용하고,
제자도 역시 또 다른 **출입문**이 되는 것이다.
두 개의 **문**이 활짝 열리면,
그곳은 완전히 비어 있는
완전한 하나가 둘 사이에 존재한다.

3. 전승

비우고 하나되기

스승은 예고를 막아주는 존재

그렇게 모든 과정을 마친 후에 드디어 깨달음을 얻을 준
비가 되었다. 이제 해야 할 일은, 구루 즉 스승에게 찾아가
마치 그분이 그대의 재산을 갖고 있기라도 한 것처럼 깨달음
의 상태를 보여달라고 부탁하는 일이다. 그건 마치 그대의
물건을 다른 사람이 갖고 있었는데, 그 사람에게 가서 그 물
건을 도로 되돌려 달라고 요청하는 것과 같다. 말하자면 사
실이 그렇다는 것이고, 우리는 이러한 과정을 일종의 의식
으로서 행해야 한다. 그렇게 요청한다면 스승은 자세히 알려
줄 것이다. 이것이 바로 '전승(傳承)' 혹은 '전법(傳法)'이라는

過程이다.

 전승 또는 '아비세카(abhisheka)'라는 용어는 특별히 '금강경(金剛經)'과 불교의 가르침에서 주로 쓰인다. 또한 티벳 전통과 선(禪)사상에서도 역시 광범위하게 사용된다. 전승이란 스승의 지식이나 발견을 나누어준다는 의미가 아니다. 그건 물론 불가능한 일이다. 심지어 붓다라도 그렇게 할 수 없다.

 전승의 진정한 핵심은 더 이상 끌어다 모으는 작업을 멈추고, 이제는 가지고 있는 것은 무엇이든 비워야 한다는 것이다. 더 이상 스스로 모으지 않고 에고를 채워 넣지 않기 위해서는, 누군가 외부의 인물에게 달라고 부탁하는 것이 필요하다. 그러면 무엇인가가 그대에게 주어졌다고 느끼게 된다. 그랬을 때 그대는 그것을 그대의 소유물로 여기지 않고 스승이 매우 소중하게 여기던 것을 그대에게 되돌려준 것이라고 생각하게 된다.

 그러니 스승에게 매우 감사해야 한다. 이것이 에고를 막는 방법이다. 즉 그대 자신이 건져낸 것이 아니라 다른 사람에게서 받은 것이라고 여긴다면 말이다. 그것은 스승이 준 선물이다. 실은 우리가 이미 말했듯이, 전승이란 것도 그대에게 주어진 것이 아니라 우리 내면에서 단지 발견한 것일지라도 말이다.

스승이 할 수 있는 일은 바로 그러한 상황을 창조해내는 게 전부이다. 스승이 적합한 환경을 창조하면, 이러한 상황과 환경 덕분에 제자의 마음 또한 올바른 상태가 된다. 왜냐하면 스승은 이미 그곳에 있기 때문이다. 그건 마치 극장에 가는 일과도 같다. 무대와 객석, 그밖에 모든 것들이 이미 갖춰져 있어서, 극장 안으로 들어간다는 바로 그 사실만으로도 우리는 어떤 특정한 상황에 참여하고 있음을 자동적으로 느끼게 된다. 어떤 장소에 들어가거나 어떤 일에 동참할 때마다 우리는 그 상황의 일부가 되어버린다. 왜냐하면 그러한 환경이 이미 조성되어 있기 때문이다.

전승의 경우 어쩌면 상황이 다를 수도 있다. 그러나 그렇다 하더라도 여전히 어떤 상황은 있기 마련이다. 스승이 전혀 말을 하지 않을 수도 있고, 또 어쩌면 주제를 설명한다고 너무나 장황하게 일장연설을 늘어놓을 수도 있다. 또는 어떤 식의 특정한 의식을 직접 집행하거나, 아니면 아주 웃기는 행위를 할 수도 있다. 다음의 이야기를 들어보라.

스승에게 신발로 맞은 나로파

인도의 나란다 대학에서 '마하 판디타(maha pandita)'라고 불리었던 대학자 나로파(Naropa)에 관한 이야기가 있다. 그는 불교 역사상 네 명의 위대한 사상가들 중 하나였으며, 전 세계를 아울러 '인도의 석학'으로 잘 알려진 인물이었다. 당시 그는 거의 모든 경전들을 깊이 이해했고 모든 철학과 사상을 터득했지만, 정작 자신이 아직도 진정한 깊이를 모른다는 이유로 스스로 만족해하지 않았다.

그러던 어느 날, 그는 대학 건물의 발코니를 거닐다가 한 무리의 거지들이 정문 앞에서 시끄럽게 떠드는 소리를 들었다. 그것은 위대한 요기 틸로파(Tilopa)라는 사람에 관한 얘기였다. 그는 그 이름을 듣자마자 그 사람이야 말로 자신의 구루라는 확신이 들었고, 그를 찾아 떠나기로 결심했다.

나로파는 거지들에게 음식을 나누어주면서 틸로파가 어디
에 사느냐고 물었다. 거지들은 어디로 가야 하는지 알려주었
다. 그러나 그곳을 찾아가는 데에만 무려 12개월이 걸렸다.
그러다 마침내 작은 어촌에 도착하여 위대한 요기 틸로파에
대해 물어보았다.

어부 한 명이 말하길, "글쎄, 난 뭐 '위대한 요기'는 모르
겠고, 저기 강가에 틸로파라는 사람이 살기는 하는데… 무지
게으른데다 낚시는커녕, 다른 어부들이 던져버린 생선대가
리, 꼬랑지, 뭐 그런 것들을 주어먹고 산다네."

나로파는 어부가 가리키는 곳으로 따라갔다. 그곳에 도착
하니 아주 부드러운 인상을 지닌 거지 한 명이 있을 뿐이었
다. 그 거지는 말도 제대로 못할 것 같아 보였다. 그러나 어
쨌든 나로파는 너무 지쳐서 쓰러졌고, 그에게 가르침을 달라
고 부탁했다. 3일 동안 틸로파는 아무 말도 하지 않았다. 그
러다 마침내 고개를 끄덕였다. 나로파는 그것을 자신을 제자
로 받아들이겠다는 뜻으로 받아들였다.

틸로파는 말했다. "따라오너라." 그렇게 해서 나로파는

12년 동안 스승을 따라다니며 온갖 고생을 다 겪었다. 그러던 어느 날 스승인 틸로파가 배가 고프다고 말했다. 그는 나로파에게 먹을 것을 구해오라고 했다. 최상위 계급의 집안에서 태어난 나로파는 굉장히 고상한 사람이었다. 그러나 지금은 틸로파의 길을 따르며 스승과 같은 삶을 꾸려나가야만 했다.

그는 마을로 내려갔다. 그곳에선 결혼식같은 특별 연회가 벌어지고 있었다. 나로파는 처음엔 구걸을 하려고 했으나, 그날은 구걸행위도 금기시되는 아주 특별한 잔칫날이었다. 그래서 그는 부엌으로 들어가 죽 한 사발을 몰래 훔쳐 달아났고, 그걸 스승님께 갖다 드렸다. 틸로파는 무척 기뻐했다. 그의 얼굴에서 이처럼 환한 미소를 보기는 실로 처음이었다. 나로파는 생각했다. '이렇게 좋아하시다니. 가서 한 사발 더 갖다 드려야겠어.' 틸로파도 한 그릇 더 먹고 싶다고 했다.

그러나 바로 그때 사람들이 몰려와 나로파를 붙잡았다. 팔다리가 떨어져 나갈 만큼 두들겨 맞은 나로파는 거의 반쯤 죽어서 길바닥에 버려졌다. 그렇게 며칠이 지나서야 틸로파가 다가와 물었다. "아니, 도대체 어떻게 된 거야?" 그는 오히려 화가 난 듯 다구쳤다. 나로파가 말했다. "나 죽어요." 그러자 구루가 소리쳤다. "당장 일어나! 자넨 안죽어! 앞으로 7년이나 나를 더 따라다녀야 한단 말이야!" 나로파는 일어섰고, 아무런 문제도 없었다.

그들은 어느 날 지렁이가 득실거리는 깊은 운하를 만났다. 틸로파는 자신은 강을 건널 테니 나로파에게 마치 다리처럼 운하에 엎드려서 걸쳐있으라고 했다. 나로파는 물속에 엎드렸다. 틸로파가 그를 밟고 건넜을 때, 수백 개의 지렁이가 나로파의 몸을 칭칭 감고 있었다. 그는 또 다시 며칠을 그 자리에 쓰러져 있었다. 항상 이런 식이었다.

그러다 마침내 12년째 되던 마지막 달의 어느 날, 두 사람은 함께 앉아 있었다. 갑자기 틸로파는 신고 있던 신발을 벗어 나로파의 얼굴을 한대 후려쳤다. 바로 그 순간, '위대한 상징'이란 뜻의 마하무드라(mahamudra)의 가르침이 한줄기 빛처럼 나로파의 마음에 확 다가와 깨달음을 얻었다.

그런 뒤에 성대한 연회가 벌어졌고, 스승 틸로파는 그에게 말했다. "내가 자네에게 보여줄 수 있는 건 이게 전부네. 이제 모든 가르침은 자네에게 전해졌으니, 앞으로 마하무드라의 가르침을 따르고자 하는 자는 나로파의 가르침을 배우고 익혀야 할 것이다. 나로파는 이제 내 뒤를 이을 두 번째 왕과도 같다." 그런 뒤 틸로파는 나로파에게 상세하게 가르침을 설명해주었다.

두 개의 문이 동시에 열리다

이것은 '전승'에 관한 하나의 예이다. 물론 그 당시의 사람들은 지금보다 더 인내심이 강했고 그토록 긴 세월을 견딜 수 있을 만한 자세가 되어 있었다. 그러나 나로파가 가르침을 터득했던 건 단순히 신발로 머리를 얻어맞은 그 순간의 사건만이 아니다. 스승과 함께 했던 12년이라는 긴 세월 동안 그 과정은 내내 지속되고 있었던 것이다. 말하자면 '배가 고프다'는 말로 스승은 전승을 위한 적합한 환경을 창조했다. 그가 겪었던 모든 고난과 각각의 단계들이 모두 전승의 일부였던 것이다. 문제는 그러한 분위기를 창조하고

전승의 진정한 핵심은
더 이상 끌어다 모으는 작업을 멈추고,
이제는 가지고 있는 것은 무엇이든 비워야 한다는 것이다.
스승이 할 수 있는 일은
바로 그러한 상황을 창조해내는 게 전부이다.
왜냐하면 스승은 이미 그곳에 있기 때문이다.

쌓아가는 것이다.

전승의 한 예식인 아비셰카 역시 이와 같은 방식으로 그러한 환경을 창조하는 과정의 하나이다. 그것은 그 사람과 공간, 그리고 '3일 안에 내가 너에게 가르침을 줄 것이요, 전승이 일어날 것이다'라고 말했을 때 그러한 말의 사실까지도 모두 포함하는 환경이다.

이렇게 되면 제자는 정신적으로 자신을 열게 된다. 그렇게 자신을 열어 보았을 때, 스승은 그다지 큰 의미를 갖지 않는 몇 마디 말을 던지거나, 또는 어쩌면 아무 말도 하지 않을 것이다. 중요한 건 스승에게나 제자, 양쪽 모두에게 올바른 상황을 창조해내는 일이다. 전승의 올바른 상황이 갖춰지면, 그때엔 스승도 제자도 사라지고 아무 것도 없다. 스승은 하나의 입구로서 작용하고, 제자도 역시 또 다른 출입문이 되는 것이다. 두 개의 문이 활짝 열리면, 그곳은 완전히 비어 있는 완전한 하나가 둘 사이에 존재한다.

선 사상에서는 이를 '이심전심(以心傳心)'이라고 한다. 마침내 마지막 매듭이 풀어지면 양쪽 다 침묵이다. 스승은 '그대

85

가 옳다'거나 '이제야 알았구나' 등의 말도 하지 않는다. 스승은 조용히 멈춰 있다. 그러면 제자도 그저 조용히 멈춘다. 그리곤 침묵의 순간이다. 그것이 바로 전승이고, 외부의 스승이 할 수 있는 몫은 딱 그만큼이다.

전승이란 모든 것을 양쪽 모두에게 완전히 여는 것이다. 이런 식으로 자신을 완전히 여는 것, 이것이 불과 몇 초일 뿐이더라도 그건 엄청난 의미를 갖는다. 해탈에 이르렀다는 것까진 아니라도 한 순간의 진실을 만나게 된다. 그리고 이건 특별히 흥분되거나 요란한 일도 아니다. 엄청난 감동의 물결일 필요도 없다. 한 순간의 빛처럼 무언가 순간 열리는 것, 그저 그게 전부다. 책에서는 '위대한 은총'이니 '마하무드라', '깨어있는 마음' 등의 각종 명칭들이 붙어 나오겠지만, 이름이 어떻게 불리우든 실질적인 그 순간은 아주 단순하고 직접적인 현상이다. 그건 단지 두 마음이 만나는 것, 두 마음이 하나가 되는 것이다.

4. 보시

Generosity

공덕을 받기 위해서 주는 것이라면,
그건 진정으로 주는 것이 아니라
오히려 자기의 에고를 쌓아 올리는 행위이다.
그렇기 때문에 우리 자신의 에고, 자아,
소유욕과 열정의 일부를 내어줄 수 있어야만
진정으로 다르마를 실천하는 것이다.
그것은 사심이 없는 상태이며,
그럴 때 공덕은 자동적으로 따라오게 되어 있다.

4. 보시

소유의 욕망을 넘어서는 자유

'나'가 들어서지 않는 마음

다나(Dana), 즉 보시(布施)는 초월적 행동이라 할 수 있는 여섯 가지의 파라미타(paramita) 중 하나이다.

'파르(par)'는 말 그대로 '강 건너편'을 의미하는데, 강의 맞은 편을 뜻하는 말로 지금까지 실제 인도에서 쓰이고 있는 단어이다. '미타(mita)'는 그 자리에 있는 사람을 뜻한다. 그러므로 파라미타는 강 건너에 있는 사람을 말한다. 어느 학자는 여섯 가지의 '완벽함'으로 파라미타를 설명하기도 한다. 그런 의미라면 완벽한 행동들을 뜻하게 되는데, 어쩌면 '완벽'이란 단어 역시도 꼭 들어맞지 않을 수 있다. 완벽을

추구하려 애쓰는 게 목적이 아니기 때문에 완벽이라기보다
는 초월성의 의미로 파라미타를 이해하는 편이 낫겠다.

이러한 여섯 가지 초월적 행동들은 곧 보디사트바
(bodhisattva)의 행동들이다. '보디(bodhi)'란 깨어있는 마음
을 뜻하고, '사트바(sattva)'는 그러한 자각에 이른 사람을
말한다. 그러므로 보디사트바라는 용어는 자비와 사랑을 지
닌, 그리고 그러한 길을 따르고자 하는 사람 곧 보살을 의미
한다.

불교에는 '소승불교-히나야나(Hinayana)'와 '대승불교-
마하야나(Mahayana)'라는 두 종류의 길이 있다. 좁은 길, 작
은 수레 등의 비유를 지닌 소승불교는 무엇보다 자유의지를
기본으로 한다. 이는 단지 명상 수행과 마음의 문제만이 아
니라 말과 물리적인 행위까지도 다스리는데, 이러한 수칙은
도덕적인 법률이나 선악의 개념으로 구별되는 일반적인 규
범과는 확연히 다르다. 그것은 올바른 행동과 진실된 행동,
온전한 행동, 존재법칙에 따른 행동을 다룬다. 그러므로 '계
(戒)', 즉 '실라(sila-도덕적 규율) 파라미타'에 해당하는 이러한

수행 개념을 분명히 이해해야 한다.

　이것은 만물의 근본이 되며, '좁은 길'이라고도 하는데, 그 자체로 보면 단순하다. 예를 들어, 산을 통과하는 길은 오직 좁은 길 하나뿐이고 나머지 지역은 온통 울창한 나무로 뒤덮인 숲이라고 한다면, 어느 길로 가야 할지 결정하는 데에 전혀 고민의 여지가 없을 것이다. 길은 오직 하나뿐이니 그 길로 가거나 아니면 되돌아오는 수밖에 없다. 계속 가든 안가든 해야 할 일은 단 한 가지로 아주 단순해진다.

　그러므로 원칙이라고 해서, 이런저런 일은 신성한 법에 위배된다거나 부도덕하다거나 따져가면서 우리의 행동을 제한하지 않는다. 우리 앞엔 단 한 가지의 단순한 진리만이 놓여 있기 때문이다. 근본적으로 여기서의 수행이란 자각, 즉 단순히 있는 그대로의 것을 바로 보는 인식을 키우는 것이다. 매 순간은 바로 지금이고, 그 현재의 순간 속에서 경험을 통해 행동하는 것, 이것이 바로 소승불교라고 일컫는 '좁은 길'이다.

　그 좁은 길로부터 우리는 이제 '큰 수레'로 비유되는 대승

불교를 만나게 된다. 그것은 보살의 길, '열린 길'이다. '좁은 길'은 단지 단순하고 직접적인 것만이 아니라 또한 훌륭하고도 위대한 특성을 지닌다. 그것을 토대로 해서 우리는 자비심을 키울 수 있다.

실제로 자비심이란 자비로워지기 위해 특별히 해야 하는 일들, 이를테면 자선을 베풀고, 이웃에게 친절하고, 여러 자선단체에 기부를 하는 등의 행위들과는 아무 상관없다. 물론 이러한 행동들도 역시 포함될 수 있겠지만, 이러한 자선은 기본적인 것이다.

자비심은 우리 안에 따뜻한 온정을 키운다. 단순 명료한 자각으로부터 보살은 자기중심적이지 않은 따뜻한 마음을 갖게 된다. 이런 사람은 심지어 자기가 얻을 심리적인 이익에 대해서도 전혀 생각지 않는다. "나는 고통 받는 사람들을 보면 견딜 수가 없어." 이런 식으로 사고하지 않는다. '나'라는 말은 전혀 들어서지 않는다.

그저 자발적으로 말하고 생각하고 행동하는 것이지, 도움을 준다거나 소기의 목적을 달성한다는 그런 관점으로 생각

하지 않는다. '신앙심'이나 '봉사활동'이라는 토대로 움직
이는 게 전혀 아니라는 것이다. 단지 따뜻한 마음에서 우러
나오는 그 순간의 진심에 따라 실천하는 것이다. 그리고 그
순간엔 이러한 깨어있는 온정과 더불어 위대한 창조성이 함
께 존재한다.

  그런 사람의 행동은 어느 것으로부터도 제한 받지 않고 온
갖 다양한 창조적인 욕구가 내면에서 일어나 어떤 경우에도
그 순간에 맞게 아주 정확하게 작용한다. 모든 일이 자연스
럽게 진행되므로 단지 그 안에서 흘러갈 뿐이고, 그러면서도
지속적으로 거대한 창조성이 내면에서 일어나고 있다. 진정
한 카루나(karuna), 곧 자비로운 마음에서 나오는 행동이다.

  그러므로 이런 의미에서 자비란 친절만이 아니라 근본적
인 자비, 즉 아상(我相)을 벗어난 자비를 말한다. 그야말로 자
아에 대한 의식이 없는 상태로서 이럴 때 자비는 더욱더 확
장되고 발전되어 더 큰 영역을 갖게 된다. 오직 빛이 있을
뿐, 빛을 밝히고 있는 사람이 있는 게 아니기 때문이다.

  그리고 이처럼 빛을 밝히는 사람이 아니라 오직 빛 자체만

이 존재할 때, 빛은 계속해서 끝없이 퍼져나갈 수 있고 그 에
너지는 절대 사라지지 않는다. 항상 끝없이 형태가 변하고
점점 더 깊게 확장되면서 계속해서 다른 무엇으로 바뀐다.
이것이 새로운 창조적인 행위를 낳고, 그리하여 계속해서 나
아가는 것이다. 이러한 창조적인 변형은 이론이나 철학적인
개념이 아니라 아주 구체적이고 때론 아주 단순한 방식으로
일어나는 실질적인 현상이다.

보시의 선물은 진정한 자유

이제 '보시'로 돌아가보자. 보시는 보살이 자비로 물들어
더 이상 자아를 인식하지 않는 상태일 때 일어난다. 이는 단
순히 자비심으로 가득 찬 정도가 아니라, 우리의 마음이 곧
자비가 되고 우리의 존재가 자비 그 자체가 되는 것이다.

이와 관련해서 여섯 가지 행위의 범주가 있다. 보시, 지
계, 인욕, 선정, 정진, 지혜의 육바라밀이다. 이것이 우리가
앞에서 말했던 파라미타, 즉 초월적 행동들이다. 다시 반복
하자면, 파라미타는 덕망 있는 행동이라거나 어떤 잘못이나

보시란 소유하려는 욕망이 아니라
사람들 속에서 나누고자 하는 마음의 태도이다.
다시 말해, 보시란 명상을 할 때처럼
소유욕과 에고에서 벗어나는
느낌만을 말하는 게 아니라,
보다 적극적인 그 무엇이다.

죄악을 극복하기 위한 행동이 아니다. 다시 말해 특정한 행동에 국한되는 게 아니고, 선악으로 규정되는 행동을 말하는 것도 아니다. 그것은 초월적인 것, 경계를 넘어서는 그 무엇이다.

약간 추상적으로 들릴 수도 있고 확실하게 감이 잡히지 않을 수도 있다. 누군가는 이렇게 물을지도 모른다. "어떻게 보시의 행위가 초월적이 될 수 있죠? 단지 철학적인 정의일 뿐 아닌가요?" 그렇지만, 글쎄, 그런 경우를 말하는 게 아니다. 왜냐하면 보시란 특정 행위에 관한 게 아니기 때문이다.

우리의 마음이 그렇게 간단하게 움직이는 게 아니다. 우리가 어떠한 행위를 하는 순간은 온전히 자발적으로, 자유롭게, 그 현재에만 존재한다. 마음은 흔들림이 없고 완전히 열린 상태이다. 행동이란 오직 상황이 있어야만 일어난다. 에고를 벗어난 깨달음의 상태를 항상 지속할 수 없을 수도 있다. 그러나 최소한 자발적으로 행위해야 하고, 그러한 행동은 다르마의 법칙을 따른다.

여기서의 다르마란 진정한 법칙, 우주의 법칙을 뜻한다.

말하자면, 다르마는 성취욕과는 전혀 상관없는 것이기에, 보시의 행위는 어떤 특별한 보상을 바라지 않는다. 그러므로 보시란 소유하는 것과는 전혀 상관없다. 부자들은 이렇게 말할지도 모른다. "이제야 좀 가진 게 있으니 보시를 실천해볼 기회가 왔군." 그러나 보살에게 이런 문제는 결코 생기지 않는다. 뭔가를 갖고 있느냐의 문제가 아니기 때문이다. 보시란 소유하려는 욕망이 아니라 사람들 속에서 나누고자 하는 마음의 태도이다. 다시 말해, 보시란 명상을 할 때처럼 소유욕과 에고에서 벗어나는 느낌만을 말하는 게 아니라, 보다 적극적인 그 무엇이다.

경전을 보면, 붓다는 팔을 밖으로 뻗었다가 다시 안으로 거둬들이는 것으로써 보시의 실천을 설명하였다. 붓다가 살던 시기에 거지 여인에 관한 이야기가 있다. 그 여자는 당시 인도에서 가장 가난한 거지였다. 왜냐하면 물질적으로도 최악이었지만 마음까지 가난했기 때문이었다. 그 여자는 너무나 많은 걸 바랐고, 욕심은 그 여자를 더 가난하게 만들었다.

어느 날 그 여자는 붓다가 제타 그로브(Jeta Grove)에 사는 아나타핀디카(Anathapindika)라는 사람의 초대를 받았다는 소리를 들었다. 아나타핀디카는 엄청난 부자에다 막대한 기부자였다. 그 여자는 붓다가 가는 길을 따라가기로 했다. 붓다는 먹을 것도 주고 뭐든지 남김없이 줄 것이란 걸 들어 알고 있었기 때문이었다. 그 여자는 음식을 공양하는 자리에 참석하여 붓다가 자기를 바라봐주길 기다리며 앉아 있었다.

붓다가 그 여자를 보고 물었다. "무엇을 원하십니까?" 물론 붓다는 알고 있었다. 그 여자가 말했다. "먹을 걸 주세요, 갖고 있는 건 뭐든 전부 주세요." 그러자 붓다는 "그러면 그대는 먼저 아니라고 말해야 합니다. 내가 주는 것을 그대는 거절해야만 합니다"라고 말하며 음식을 내밀었다. 음식을 본 그 여자는 아니라고 말하기가 너무나 어려웠다. 그 여자는 자신이 평생에 걸쳐 아니라고 말해본 적이 단 한번도 없었다는 걸 알았다.

누군가가 뭔가를 갖고 있는 걸 볼 때마다, 다른 사람이 뭔가를 줄 때마다, 그 여자는 항상 이렇게 말해왔다. "그래요, 주세요." 그래왔기에 그 여자는 그와는 정반대로 아니라고

말하기가 끔찍하게 어렵다는 걸 절감했다. 어려움 끝에 마침
내 그 여자는 아니라고 말했고, 붓다는 음식을 주었다. 비로
소 그 여자는 자신의 내면에 있던 진정한 배고픔은 뭐든지
자기 것으로 만들려는, 붙잡고, 소유하고, 끝없이 바라기만
했던 욕망이었음을 깨달았다.

이 이야기는 우리가 어떻게 보시를 실천할 것인가에 대한
좋은 예이다. 이런 관점에서 볼 때, 보시는 가장 먼저 자기
자신을 향해 실천되어야 한다. 보시의 핵심은 바로 이러한
소유욕과 끝없는 욕심으로부터 자신을 자유롭게 하는 것이
기 때문이다.

새로운 것을 위한 빈자리

다음 단계는 물질적인 소유에서 벗어나는 것이다. 그렇다
고 해서 금욕생활을 떠올릴 필요는 없다. 이것은 절대 아무
것도 가져서는 안된다거나 갖고 있는 걸 당장 버려야 한다는
뜻이 아니다. 그대가 막대한 부와 재산을 갖고 있을 수도 있
다. 또 그 자체를 즐길 수도 있고, 특별히 개인적으로 애착

을 갖는 물건이 있을 수도 있다. 이를테면 어른이든 아이든 좋아하는 물건이나 장난감, 인형 등이 있는 것처럼 말이다. 물건의 가치를 무시하라는 얘기가 아니다. 핵심은 바로 우리가 그러한 물건들을 담박에 내려놓을 수 있어야 한다는 것이다.

만약에 그대가 아끼던 어떤 물건을 누군가가 달라고 한다면 전혀 망설임 없이 내어줄 수 있어야 한다. 그건 진정으로 소유라는 개념을 버릴 수 있느냐 없느냐의 문제이다. 거기엔 일종의 배고픔, 욕망의 허기가 작용하기 때문이다.

티벳의 두 형제에 관한 이야기가 있다. 형은 99마리의 야크(yak-들소)를 갖고 있는 반면, 동생은 단 한 마리를 갖고 있었다. 가난한 동생은 그 한 마리에도 무척 만족했다. 그는 행복했고 꽤 많은 재산이 있다고 생각했다. 단 한 마리의 야크를 갖고 있지만, 그에게는 그게 필요한 전부였다. 한 마리면 충분했고, 그것을 잃어버리지나 않을까 하는 두려움도 딱히 없었다. 사실상 그는 야크 한 마리를 갖고 있다는 기쁨이 잃어버릴 것에 대한 근심보다 컸던 것이다.

반면에, 형은 갖고 있는 야크들을 잃어버리게 될까봐 불
안해했다. 보통 티벳의 고원지대에는 늑대며 히말라야 곰이
많았기 때문에 매서운 겨울을 지나는 동안 야크가 죽는 일이
자주 있었다. 짐승을 키운다는 건 다른 어떤 일보다도 무지
많은 장애물들이 존재한다. 그래서 그는 항상 야크들을 돌보
기 위해 쫓아다녀야 했다.

그러던 어느 날, 부자 형은 생각했다. "동생한테 부탁 좀
해야겠는걸." 그는 야크를 한 마리라도 잃어버릴까 하는 두
려움뿐만 아니라 그 숫자를 더 늘이는 데에도 열을 올리고
있었다. 그래서 동생에게 가서 말했다. "음, 너는 말이야,
딱 한 마리를 갖고 있으니까 별 그다지 달라질 일도 없고 말
이지, 그러니까 그 한 마리가 없어진다고 해서 크게 상관도
없을 거 아니냐? 하지만 말이지, 네가 그 한 마리를 나한테
준다면, 나한테는 합쳐서 백 마리가 되는 거고, 그건 굉장히
큰 의미가 되는 거 아니겠어? 그러니까 내 말은, 백 마리 정
도는 갖고 있어야 진짜 부자로 유명해 질 수 있다 이거지."
그는 동생에게 야크를 달라고 장황하게 설명했고 동생은 아

주 쉽게 야크 한 마리를 내놓았다. 전혀 망설이지도 않고 그냥 바로 주었다.

티벳에서 전해오는 이 이야기는, 가진 자는 더 가지려 하고 덜 가진 자는 나눠주려 한다는 심리를 보여준다. 소유욕은 심리적인 허기이다. 그리고 이러한 심리적 허기는 돈과 재산에만 관련이 있는 게 아니라 소유하고자 하는 마음, 소유한 물질에 집착하는 마음, 그리고 반드시 나의 것으로 소유하고자 하는 깊은 욕심과 관련되어 있다.

예를 들어 백화점에서 물건을 구경하고 있다고 가정해보자. 어떤 이는 끊임없이 불만에 가득 차 있다. 마음에 드는 물건을 볼 때마다 '나한테 돈만 있다면 저걸 살 수 있을 텐데'라고 생각하기 때문에, 그 생각은 내내 불만과 고통을 낳는다. 그래서 항상 가게를 지날 때마다 이러한 허기 때문에 커다란 고통이 생긴다. 반면 어떤 이는 그저 보는 것만으로도 즐거워할 수 있다.

이처럼 갖고 싶은 마음, 소유하고자 하는 마음, 주려고는 하지 않는 상태는 사실 어떤 특정한 물건에만 해당하는 약한

모습만은 아니다. 보다 더 일반적으로 말하면, 자기 자신을
어떤 대상에 묶어두고 싶어하는 심리이다. 만약 그 물건을
잃어버리거나 특정 물건에 대한 흥미를 잃게 되면 다시 그
자리에 다른 무엇으로 대체하고자 한다. 그것은 자동차가 없
으면 불편하다거나, 중앙난방이 아니면, 혹은 그 어떤 것이
라도 그것이 없으면 생활이 힘들어지는 그런 문제가 아니다.
문제는 그 이면에 항상 무엇인가가 있다는 것이다. 근본적으
로, 소유하고자 하는 마음과 갖고 싶은 욕심은 항상 바뀌고
점점 더 커지고, 그리고 또 다른 것으로 대체하려고 한다.
그러므로 이것이야말로 진정한 약점이다. 딱히 약점이라고
할 순 없더라도 신경과민으로 흐르는 일종의 습관이다.

이러한 전체적인 과정은 우리 마음 속에서 끊임없이 꼬리
에 꼬리를 무는 생각들로 계속 중첩된다. 그렇다고 마음 속
에서 무엇인가가 진정으로 일어나도록 그냥 놔두지도 않는
다. 어떤 한 가지 생각이 떠오르면 거의 그것이 채 끝나기도
전에 또 다른 생각이 들어오고, 그리고 또 다른 생각이 계속
해서 겹쳐진다. 그러니 잠시도 마음을 비우고 생각을 소화할

수 있게끔 어떠한 틈도 절대 허용하지 않는다. 그러니까 끝없는 요구와 가지려고만 하는 소유욕을 계속해서 만들어내는 과정이 될 뿐이다. 바로 그렇기 때문에 자신을 진정으로 여는 보시의 덕을 키워야 한다.

진정한 소통이 최고의 보시

다음 단계는 보시의 더 심오한 형태가 되겠다. 말하자면, 그대의 경험을 다른 사람들과 나누고자 하는 자세이다. 여기엔 기술적인 문제가 뒤따른다. 왜냐하면 그대가 배워서 알고 있는 것을 다른 사람들에게 가르치려 드는 위험성이 생길 수도 있기 때문이다.

이 단계는 보다 정교한 작업이다. 그대는 자신이 얘기하고 싶어하는 부분만을 편협하게 드러내려고 할 수도 있다. 그 부분에 대해 다른 사람들보다 더 많이 알고 있다면 무척 흥미진진한 일이리라. 아마 과시하고 싶어할 수도 있고, 약간은 교묘한 솜씨도 필요하다. 그대가 알고 있는 것을 말로 표현하는 것, 그래서 다른 이들과 나누는 것이야말로 그대 스스로를 발전시키는 유일한 방법이 될 수 있다.

이것은 특별히 교사들에게 적용된다. 숙련된 교사들, 사실상 모든 선생님들에게 마찬가지다. 단순히 무엇을 배우고 간직하는 것만 필요한 게 아니라, 배운 것을 써먹고 그것을 다시 나누어주는 것으로써 효과를 거두는 일도 역시 필요한 것이다. 물론 어떠한 보상을 기대하진 말아야 하겠지만. 그것이 바로 다르마의 보시, 즉 항상 베풀고 나누어야 한다는 의미이다.

물론 그대는 적합하지 않은 상대에게 잘못된 것을 주지 않도록 주의를 기울여야만 한다. 예를 들어 상대가 그대의 경험을 열심히 듣지 않는다고 한다면, 특히 명상 체험이나 그와 유사한 문제에 관해서 말이다. 그랬을 땐 계속하지 말아라. 왜냐하면 그런 경우 계속 얘기를 해주는 것은 전혀 보시가 아니기 때문이다. 그리고 아마도 그런 상대에겐 다르마보다는 다른 것을 주는 게 더 적합할 수 있다. 그러므로 지혜롭고 분명하게 상황을 파악해야 한다.

여기에서 앞서 말한 '지혜바라밀'이 적용되어야 할 것이다. 그러나 전체적으로 봤을 때, 우리가 받고자 한다면 줄 수 있어야 한다. 주고 받는 형태의 변형이 끊임없이 일련의 과정으로 이뤄지는 것이다.

티벳에서는 스승에게 무언가를 배울 때 대개 선물을 드리는 전통이 있다. 그렇다고 해서 내가 내 얘기를 듣는 청중들에게 뭔가를 바란다는 뜻은 아니다. 다만 그대가 무엇을 원할 때, 이를 테면 '가르침을 받고 싶고 뭔가를 알고 싶다'고 할 때 그대 역시 무엇인가를 내주어야 한다는 것이다. 이는 그대가 단지 도움을 얻고자 할 뿐이지 그대도 뭔가 줄 수 있는 게 있는 사람이고, 다른 사람에게 빌붙어 산다거나 창피할 정도로 완전히 가난하지는 않다는 관점에서 말하는 것이다.

티벳 불교의 역사에 의하면, 사람들이 인도의 스승들에게서 가르침을 받고 경전을 연구하기 위해 인도에 갔을 때 그들은 먼저 티벳 전역을 돌아다니며 금을 수집하는 데에만 2년을 보냈다고 한다. 이처럼 그들은 수업을 받기 전에 항상 스승에게 무언가를 주었다. 이 이야기의 요지는 바로 가르침의 가치를 알아야 한다는 것이다. 모든 것을 물질의 관점에서 값을 매길 수는 없지만 무엇이든지 줄 수 있는 마음의 준비가 되어 있어야 한다. 그리고 무엇보다 중요한 것은, 에고를 버릴 줄 아는 것이다. 에고는 우리가 가장 끔찍하게 아끼는 제일 비싼 소유물이기 때문에 그것을 내놔야 한다.

티벳 전통에서는 명상의 심화단계를 수련하기 전에 오체투지와 같이 엎드려 절하는 과정이 있다. 보통 십만 번 정도는 해야 하는데, 그것은 불교 요가와 관련이 있다. 이러한 오체투지는 자신을 완전히 열고 엎드려 항복하고 다 드리겠다는 의미로서, 완전히 자신을 비우고 새로운 것을 받아들이기 위해 빈 자리를 마련하겠다는 일종의 준비 작업이다. 자신을 열고 비우고 훌륭한 그릇을 준비해두겠다는 것이다. 이것이야말로 그대가 줘야 하는 것이고, 그랬을 때 비로소 모든 것을 있는 그대로 그 고유한 질과 가치를 온전히 받아들일 수 있게 된다.

물론 가르치는 스승의 경우에도 그것은 아주 중요한 일이다. 나는 모든 사람들은 각기 다른 길과 방식으로 서로의 선

소유욕은 심리적인 허기이다.
그리고 이러한 심리적 허기는 돈과 재산에만
관련이 있는 게 아니라 소유하고자 하는 마음,
소유한 물질에 집착하는 마음,
그리고 반드시 나의 것으로 소유하고자 하는
깊은 욕심과 관련되어 있다.

생님이고, 조금씩 다르게 다른 사람들을 가르칠 수 있다고 확신한다. 그리고 스승도 제자로부터 배울 준비가 되어 있어야 한다.

이것은 정말로 중요한 것이다. 그렇지 않으면 제자의 입장에서 진정한 의미의 발전이란 있을 수 없다. 왜냐하면 제자들로 하여금 그들 자신의 능력을 개발하도록 도와주기 보다는, 어떻게 보면 제자들이 자신과 같은 모습이 되길 바라면서 선생님 자신의 에고를 펼치는 데에만 관심을 갖는 스승도 있기 때문이다.

그러므로 스승도 제자들로부터 배울 수 있는 자세가 되어 있어야 하고, 그래야 계속해서 교류가 이루어지게 된다. 그렇게 해야 스승도 함께 발전하고 있기 때문에 제자들도 절대 지루해하지 않는다. 매순간이 항상 다르고 항상 새롭다. 절대 재료가 떨어지는 법이 없다. 이는 기능적인 내용의 수업과 교수법에도 역시 적용할 수 있는 부분이다. 수학이나 과학, 그 어떤 종류에도 마찬가지다. 선생이 학생들에게 배울 자세가 되어 있다면 학생들도 더 열심히 나누려 하게 되고,

그랬을 때 진정한 애정과 소통이 일어나게 된다. 이것이 가장 훌륭한 보시다.

보시는 나를 통째로 내어놓는 것

붓다의 생애를 보면, 그는 절대 권위를 내세우며 가르치려든 적이 없다는 걸 알 수 있다. 깨달은 사람으로서의 권위를 이용한 적이 없다. 그는 한번도 "나는 옳고 당신이 틀렸다"고 가르친 적이 없다. 때로는 옳은 길과 그릇된 길을 지혜롭게 구분하여 지적했지만, 어떤 식으로든 그는 항상 제자들간의 대화를 격려해주었다.

이러한 붓다의 가르침에 제자들은 항상 감사하는 마음으로 답례를 했고, 붓다는 늘 제자들에게 질문하였다. "그게 정말 그런가? 혹은 정말 그렇지 않은가?" 그러면 판단은 제자들의 몫이다. 그런 다음에야 붓다는 '그렇다', '그렇지 않다'를 답한다.

그러나 붓다의 대답이 무엇이든간에 바로 그것으로부터 또 다시 출발했다. 그리하여 끊임없이 서로 주고받는 과정이 진행되었던 것이다. 나는 우리도 역시 이와 비슷한 방식으로 할 수 있으리라 믿는다. 물론 뭔가 할 말이 있을 때, 대개 우리는 다른 이들의 반응이나 어떤 비평을 듣기 전에 일단 자기식대로 생각하려는 경향이 있다.

그것은 분명 자신의 어리석은 에고가 드러나지 않을까 하는 걱정과 스스로에 대한 온전한 확신이 없는 상태를 들키고 싶지 않은 두려움에 근거한다. 그렇기 때문에 자기 생각만을 던져놓고 그냥 넘어가려고 한다. 그러면 학생들은 제대로 참여할 수 없게 되고, 형식적이고 어렵기만 한 딱딱한 과정이 되어 수업을 즐기지 못하게 된다. 상대방은 가르치고 있고 자신들은 설교를 듣고 있다는 사실을 의식하게 되어 창조적인 분위기는 멈춰버리고, 배움의 내용은 더 이상 인격 속으로 스며들지 않기 때문에 학생들의 능력과 지식을 발전시킬 수 없게 된다.

이와 마찬가지로, 우리가 얘기했던 물질적 부의 보시에서도 역시 단순히 돈을 주고 물건을 내주는 문제가 아니라 그 이면에 존재하는 태도의 문제가 더 크다. 일반적으로 동양에

서는 뭔가를 줄 때 자신이 가장 귀하게 여기는 것을 준다. 그
건 바로 그 사람의 진심을 보여주는 것이기 때문이다. 티벳
전역을 돌며 수도원의 주지로 있었던 나 같은 사람에게도 낯
선 경우가 종종 생긴다. 어떤 승려는 머리장식이나 각종 장
신구, 여자 옷과 신발, 반지 등과 같은 종류의 물건을 받기도
한다. 주는 사람은 상대방에게 그러한 물건들이 정말로 필요
하다고 생각했기 때문에 주는 게 아니라, 자신에게 소중한
물건이고 자신의 정성을 보여주는 물건이기 때문에 주는 것
이다. 그런 물건들 속에는 그 물건을 소유하고자 했던 욕망
이 들어있기 때문에 이런 식으로 자신을 내어주는 것이다.

　이처럼 주는 것, 공덕을 베푸는 행위는 단순히 물건을 주
고 돈을 쓰는 문제가 아니라, 그러한 물리적 행위에 내 몸이
참여하고, 준다는 과정 자체에 자신이 전적으로 동참한다는
마음의 문제이다. 명상 수행에서와 같이 전적으로 자기 자신
을 쏟아 부어야만 한다. 지금 그대가 하고 있는 행위와 완전
히 하나가 되어야 한다. 그래서 준다는 것은, 그것을 가치로
따진다면 아무리 작은 것이라 할지라도, 주는 행위 자체에

자신이 완전히 개입되어야 하고, 그랬을 때 자기 에고의 일
부를 내어주게 되는 것이다.

그러한 과정을 통해서 우리는 파라미타, 즉 경계를 넘어서
는 초월적 행위에 이르게 된다. 우리는 그것을 '자선'이라고
의식하지 않고, 주는 행위를 '종교적'인 신앙의 노력이라고
의식하지 않으며, 선한 공덕에 대해 어떠한 보상을 받으리라
는 의식도 하지 않는다.

만약 공덕을 받기 위해서 주는 것이라면, 그건 진정으로
주는 것이 아니라 오히려 자기의 에고를 쌓아 올리는 행위이
다. 그렇기 때문에 우리 자신의 에고, 자아, 소유욕과 열정의
일부를 내어줄 수 있어야만 진정으로 다르마를 실천하는 것
이다. 그것은 사심이 없는 상태이며, 그럴 때 공덕은 자동적
으로 따라오게 되어 있다. 그러니 자기 공로를 세우려고 끝
없이 애쓸 필요가 없다.

5. 인내

Patience

진실로 그대가 **평화**롭고 **고요**한 분위기를 원한다면
인내를 가져야 한다.
무조건 **고통**을 참고 견디라는 게 아니라
그 상황을 **침착**하고 **느긋**하게 받아들일 수 있다면
그건 이미 고요와 평화의 **기운**을 만들어내는 첫 걸음이며,
따라서 **말**로 하지 않아도
다른 사람들 역시 그 **분위기**를 느낄 수 있다.

5. 인내

그 안으로 들어가 평화에 이르는 길

'깨어있음'이 인내의 출발

산스크리트어로 '크산티(ksanti)'라고 하는 '인내'는 일반적으로 '고통과 어려움을 조용히 참고 견딘다'는 의미로 쓰여진다. 그러나 실은 그 이상의 의미를 지닌다.

참는다는 건 상황 자체를 직면한다는 의미와, 참으면서 인내를 발휘하는 것이 그 순간엔 옳다는 것을 알고 있다는 의미까지 포함한다. 그러므로 인내는 지성적인 측면을 갖는다고 말할 수 있다. 그것은 짐을 잔뜩 실은 짐승이 쓰러져 죽을 때까지 쉬지 않고 길을 가는 것과는 다른 차원이다. 그런 인내는 지혜와 명쾌함이 결여된 참을성이다.

여기서 우리는 명쾌함을 갖춘 인내, 이해의 안목을 지닌 에너지에 대해서 말하고 있는 것이다. 보통 인내에 관해 얘기할 때 우리는 인내심이 있는 어떤 개별적인 존재를 생각하게 되지만, 그것은 또한 많은 부분 소통과 관련이 있다. 올바른 상황이 만들어지고 절제력이 있다면 인내심을 기를 수 있다. 고통스럽고 불안하기 때문에 무조건 참는 게 아니고, 그리고 그 과정을 견뎌내야 하기 때문에 무작정 참는 것도 아니라, 그 때엔 어떤 에너지 즉 힘을 얻어서 쉽게 인내를 발휘할 수 있게 되는 것이다.

이러한 에너지 없이 마냥 인내를 키울 수만은 없다. 왜냐하면 참아낼 힘이 없기 때문이다. 그리고 이러한 에너지는 올바른 상황을 만들어야만 나올 수 있는 것으로, 깨어있음과 관련이 있다. '깨어있다'는 말이 종종 자각을 의미하기도 하고, 또는 바로 지금 무엇을 하고 있는지 알아차린다는 것을 의미하기도 하기 때문에 다소 애매할 수도 있다.

그러나 이런 경우의 깨어있음이란 그저 단순히 그 상황을 정확히 알아차리는 것이다. 자신이 하고 있는 말과 행동을

관찰하라는 특정한 의미가 아니라, 상황 전체를 바로 보는
것이다. 마치 공중에서 마을 전체를 한 눈에 내려다보는 것
처럼 말이다. 그러므로 인내는 절제와 관련된 수양이고, 그
건 또 다시 깨어있음과 관련된다.

절제야말로 사실상 모든 것에 이르는 열쇠이다. 그리고 계
는 그러한 절제심의 근원이자 주된 기능이라 할 수 있다. 각
기 다른 사상을 지닌 두 가지 학파가 있는데, 한쪽에 따르면
절제란 반드시 필수적인 것이고 오직 절제를 통해서만이 옳
은 길을 배우고 찾을 수 있다고 본다. 만약 그러한 절제의 원
칙 없이 개별적인 선택이나 본능에만 맡겨둔다면 개인적인
관심 분야만 챙기게 될 것이고, 그러면 그런 사람에겐 책임을
맡길 필요가 없게 된다. 그러나 이건 극단적인 관점이다.

불교에서는 모든 사안에 있어서 협상하기를 좋아하지 않
는다. 그보다는 상황을 분명히 인식하느냐의 문제이다. 언제
든지 지나친 원칙엔 반드시 누군가의 강요가 있다. 수많은
법칙과 규율 속에서 항상 감시 당하고 무엇을 하라는 명령을
들어야 하며, 그때마다 우리는 진정 자신이 누구인지도 모르

는 채 다른 사람의 에고에 따르게 되거나 그 사람의 생각을 강요 받고 있다. 그건 원칙이라기 보다는 일종의 독재이다. 왜냐하면 다른 이들을 자연스럽게 성장하도록 하는 것이 아니라, 그와 반대로 강요받고 있기 때문이다.

반면에 절제의 원칙이 개인에게 주어진다면, 자신의 길을 스스로 느껴야만 하기 때문에 그것이 얼마나 어려운 일인지 알게 될 것이다. 아주 드물게나마 자신의 의견과 정서가 충동적이거나 신경질적인 상태에 의해 영향 받는 게 아니라 매우 지혜롭게 자신을 고도로 제어할 수 있는 사람을 제외한다면 말이다. 그건 대다수의 사람들이 제정신이 아니라거나 심리적으로 불안하다는 얘기가 아니라, 이런 요소들이 모든 사람들 안에 존재할 수 있다는 얘기이다.

흔히 주어진 상황에 대해서 어떤 식으로든 신경질적으로 반응하고 과민하게 대처하는 측면이 있는데, 결코 올바른 방법이 아니다. 그건 그러한 상황 자체에 따른 행동이라기 보다는 그 사람의 조건에 따른 행동이다. 그러므로 이러한 경우에 그 사람은 제대로 자유를 발휘할 수 있는 능력을 갖추

조용히 있고 싶다고 시끄러운 소리를 내는
새들을 쫓아버릴 일이 아니다.
고요하게 머물기 위해서 공기의 움직임을 멈추거나
흐르는 강물을 막을 게 아니라
그 모든 것들을 인정하고 받아들여라.
그러면 고요한 침묵을 알아차리게 될 것이다.

지 못한 것이다.

자유란 올바르게 제공되어야 한다. 사실 자유라는 말 자체는 상대적인 개념이다. 무엇으로부터의 자유. 그렇지 않으면 자유란 없다. 그것이 '무엇으로부터의 자유' 이기에 우리는 제일 먼저 올바른 상황을 만들어 놓아야 하는 것이다. 그것이 바로 인내이다.

이러한 종류의 자유는 외부에 의해서나 또는 어떤 우월한 권위에 의해서 만들어지는 게 아니다. 상황 자체를 인식할 수 있는 능력을 키워야 한다. 다시 말해서, 넓게 볼 수 있는 인식, 전체를 장악하는 인지력, 바로 그 순간의 상황을 알아차리는 힘을 키워야 한다.

이는 상황 자체를 아는 것, 지금이라는 바로 그 순간에 대해 눈을 뜨는 것에 관한 문제이지, 특별히 어떤 신비로운 체험이나 무슨 신기한 것이 전혀 아니다. 단지 지금은 무엇이고 어떤 상황인지 알아차리는 직접적이고 열려 있는 아주 선명한 인식이다. 지금의 순간을 알 수 있다면, 그리고 과거 또는 미래에 대한 어떠한 기대로 인해 전혀 영향 받지 않고 단

지 지금이라는 그 순간을 바로 볼 수 있다면, 그 땐 어떠한
장애도 있을 수 없다. 왜냐하면 문제가 되는 장애물은 오직
지나간 과거나 또는 다가올 미래에 대한 기대심과 관련되기
때문이다.

모든 것은 침묵의 일부분이다

현재의 순간에는 문제가 없다. 그것을 알고 나면 그대는
자신에게 굉장한 에너지가 있음을, 인내를 실천할 수 있는
엄청난 힘이 있음을 알게 된다. 전쟁터에 나가는 전사는 자
신의 과거나 이전의 전쟁에서의 경험 등을 생각하지 않는다.
앞으로 닥쳐올 결과에 대해서도 생각하지 않는다. 단지 힘차
게 나아가 싸울 뿐이다. 이것이 전사로서 올바른 길이다.

마찬가지로, 심각한 갈등이 계속되고 있을 때 우리는 바로
이러한 인내와 관련된 에너지를 끌어내야만 한다. 바로 이것
이 전체를 볼 줄 아는 눈을 가진 올바른 인내의 개념으로, 분
명하고 명쾌한 인내심이다.

물론 우리가 혼자 있을 때나 상황 자체가 제대로 굴러갈

땐 현재의 순간에 충실하고 솔직하다고 생각할 수 있다. 이를테면 햇살 좋은 오후, 기분 좋은 저녁 시간, 또는 좋은 사람과 함께 있을 때, 괜찮은 책을 읽고 있을 때와 같은 그런 경우처럼 상황이 딱 맞아떨어지거나 우리가 바라는 바에 근접한 경우엔 보다 쉬워진다.

그러나 그게 그리 흔히 있는 순간은 아니다. 아마도 못마땅한 사람과 함께 있을 수도 있고, 극도로 기분이 가라앉거나 어떤 이유로 아주 엉망이 되었다 하더라도, 우리는 두 가지 다른 측면에서도 같은 지점을 볼 수 있어야 한다. 물론 실천하는 게 어렵지 말로 떠드는 건 아주 쉽다.

심지어는 상황이 아주 우호적인 경우조차도, 모든 게 조용하고 전혀 시끄러울 일 없는 시골에 있더라도 여전히 감정적으로 흔들리고 우울해지고 마음 속에선 온갖 끝없는 잡념들이 몰려들어 벗어날 수가 없게 된다.

이는 부분적으로 우리가 언제나 다른 사람들과 항상 서로 걸쳐져 있는 이유로, 또 완전히 열린 마음으로 충분한 인내력을 키우지 못했기 때문이다. 따라서 모든 것이 중심을 갖고 이뤄져서 전체적인 모양의 일부로서 존재하는 것이 아니라, 제각각 분리된 개체로 쪼개져나가게 된다.

그러므로 모든 상황에 일일이 반응을 하는 것이 아니라 항상 중심을 잡고 있어야 한다. 만약 뭔가가 잘못 돌아가고 있다고 느낄 때, 그 일이 잘되기를 바라는 마음은 아마도 아주 자비로운 생각일 수 있다. 그러나 그렇다 하더라도 거기엔 '나' 라는 요소가 상대적인 조건으로 밀려나 있다. "'나'는 그 사람이 잘되었으면 좋겠어."라거나 "그가 행복하다면 '나' 역시도 행복하지." 이러한 행복을 즐기겠다는 생각이 들어있는 것이다. 어찌보면 이건 일견 행복이라는 결과에만 빠져있는 것이다.

이런 일들은 종종 일어난다. 그릇을 만드는 물레의 중심을 맞추지 못하고 물레의 한 귀퉁이에 흙을 떨어뜨리면 튕겨져 나가게 된다. 물레나 흙에는 아무런 문제가 없다. 단지 그대가 흙을 잘못된 자리에 던져 넣은 것 뿐이다. 만약 흙을 중심에 놓았다면 훌륭한 그릇이 만들어졌을 것이다.

그러므로 핵심은 그대 자신이 항상 중심을 잡고 있어야 한

행복한 명상

다는 것, 그래서 어떤 외부의 사람이나 환경이 그대를 위해
서 움직여줄 것을 기대해선 안된다는 것이다.

다시 말하면, 높은 경지의 인내를 갖춘 사람은 다른 어느
누구로부터 아무 것도 바라지 않는다. 다른 사람들을 못믿어
서가 아니라, 어떻게 스스로 중심에 자리잡을 수 있는지를
알고 있고, 그 자신이 바로 중심이기 때문이다.

그러므로 조용히 있고 싶다고 시끄러운 소리를 내는 새들
을 쫓아버릴 일이 아니다. 고요하게 머물기 위해서 공기의
움직임을 멈추거나 흐르는 강물을 막을 게 아니라 그 모든
것들을 인정하고 받아들여라. 그러면 고요한 침묵을 알아차
리게 될 것이다.

모든 것들을 침묵을 이루는 부분으로 받아들여라. 그렇게 되
면 새소리를 받아들이는 정신적인 작용이 그대 안의 심리적인
측면에 영향을 주게 된다. 다시 말하면, 새들이 만들어 내는 소
리는 하나의 요소일 뿐이다. 그리고 그 시끄러운 소리에 대한
그대의 심리적인 개념은 별개의 것이다. 그렇게 받아들인다면
새들의 소음은 단지 '들려오는 침묵'이 될 뿐이다.

그러므로 전체적인 요지는, 외부로부터 뭔가를 바라지 말고, 다른 사람들을 바꾸어놓으려고 애쓰지 말고, 자신의 생각을 관철시키려고 고집하지 말라는 것이다. 상대방이 이미 그의 생각대로 분명히 버티고 있거나, 또는 그대의 말이 상대에게 먹힐 만한 상황이 전혀 아닐 때에는 상대를 적절하지 않은 시점에서 납득시키려고 무리하게 애쓰지 말아라.

아주 험한 길을 맨발로 걷고 있는 두 사람에 관한 얘기가 있다. 한 사람은 길 전체를 가죽으로 덮어버리면 바닥이 부드러워서 걷기 좋을 거라고 생각했다. 그러나 보다 현명한 다른 이는 이렇게 말했다. "그게 아니지. 우리 발을 가죽으로 감싼다면 똑같은 일이 아니겠나."

이것이 바로 인내다. 못미덥고 의심스러워서가 아니라, 바라지 않고, 외부의 환경을 바꾸려고 급급해하지 않는 것이다. 그것이야말로 이 세상에 평화를 창조하는 유일한 방법이다. 그대 자신이 그 안으로 들어가 받아들일 자세가 되어 있다면 다른 사람도 역시 똑같이 자신을 바치게 된다. 그러므로 백 명의 사람들이 그렇게 한다면 전체가 올바르게 될 것이다.

평화에 이르는 길은 인내

티벳에 다음과 같은 이야기가 있다. 백 한 명의 군인이 있었는데, 그 중 아주 젊은 군인 한 명은 최고사령관의 아들이었다. 어느 날 아버지가 그에게 말했다. "다른 사람들은 모두 말에 안장을 얹었는데, 넌 어찌 된 거냐? 너만 늦는 것 같구나."

그러자 아들이 말했다. "글쎄요, 백 명의 사람들이 백 마리 말 위에다 다 똑같이 빠르게 안장을 얹을 수 있을까요? 사람이 많을 땐 다 그런 거죠."

그러나 다른 사람들은 모두가 똑같이 동시에 말 안장을 얹었고, 그 아들만 뒤쳐지게 되었다. 이처럼 외부의 상황이 바뀌기만을 바란다면, 모든 건 뒤죽박죽이 되어 사방에서 궁지에 몰리고 결국 아무 것도 되지 않는다는 걸 알아야 한다.

그건 마치 얼음 위를 걷는 것과도 같다. 물론 때로는 다른 사람들과 상황을 바꿔볼 수도 있다. 혹은 계속해서 힘든 상황을 겪을 때 다른 사람들에게 불만을 털어놓거나, 이런 저런 골치 아픈 일들을 늘어놓거나, 그런 저런 일들은 도저히

용납할 수 없다고 열변을 토할 수도 있다.

그러나 그렇게 긴 시간을 그러고 있는 동안, 그대가 잡으려 했던 목표, 즉 마음의 평화와 고요는 저 멀리 사라져버리고 아무 것도 얻지 못한다. 결국은 모든 게 악순환이다. 그러므로 평화에 이르는 길은 바로 인내하는 길이다.

진실로 그대가 평화롭고 고요한 분위기를 원한다면 인내를 가져야 한다. 단지 무조건 고통을 참고 견디라는 게 아니라 그대 자신을 괴롭히는 그 상황 속에서도 좋은 측면을 보라는 것이다. 그래서 그대가 또 다른 이면을 볼 수 있다면, 즉 상황의 아이러니한 측면까지 볼 수 있다면, 그 상황은 더 이상 화를 일으키지 않고 또 더 이상 침묵을 손상시키지 않는다. 만약 그 상황을 침착하고 느긋하게 받아들일 수 있다면 그건 이미 고요와 평화의 기운을 만들어내는 첫 걸음이며, 따라서 말로 하지 않아도 다른 사람들 역시 그 분위기를 느낄 수 있다.

그러므로 인내야말로 자기 중심이 열려 있으면서도 명상을 위한 안정된 기반을 다지는 열쇠이다. 뿐만 아니라, 인내는 그대가 살아가야 하는 이 세상 속에서 마주치고 만나는 모든 사람들을 대할 때 대단히 중요하다.

대부분의 사람들에게 인내란 오히려 다른 의미를 내포하고 있다. 거의 어떤 청교도적인 것, 냉정하고 고지식한 것, 말을 많이 하지 않는 것, 이를테면 인생이 고달프더라도 억지웃음을 지으며 참아내는 것 등이다.

그러나 그건 결코 인내가 아니다. 그 상황과 하나가 되려는 마음이 없고 그 안에 있는 긍정적인 면을 보지 못한다면, 무작정 청교도적으로 참으며 버티는 것도 언젠가는 곪아 터져서 결국엔 인내의 여지조차 없어지게 될 테니까 말이다.

6. 명상

Meditation

서서히 자신을 비우는 법을 배우는 것,
에고를 버리는 것이야말로 중요한 과제이다.
이때 스승이란 일종의 거울과 같은 역할을 한다.
스승은 우리의 비춰진 모습을 되돌려주기도 한다.
그럴 때 여러분들은
자신이 얼마나 아름다운 존재인지
알 수 있게 되는 것이다.

6. 명상

지금에 마음을 다하라

'지금 여기'에 있는 것을 바로 보라

명상이란 매우 폭넓은 주제이다. 오랜 세월을 거치며 계속해서 많은 발전을 이루고 있고, 또한 각기 다른 종교적 전통에 따라 종류도 다양하다. 그러나 넓게 봤을 때 명상의 기본 성격은 다음 둘 중 하나이다.

첫 번째는 존재의 본질을 발견하는 것에 대한 가르침에 관련된 것이고, 두 번째는 외적 대상 혹은 신이라는 절대자와의 합일과 관련된다. 하지만 어떠한 경우에서든 명상은 가르침의 내용을 실천으로 옮기는 유일한 방법이다.

'보다 높은' 존재로서의 외적 대상의 개념이 있는 곳에는

'나' 또는 '에고'라고 일컬어지는 내적인 인성 또한 존재한다. 이러한 경우 명상이란 자신을 바치는 것을 기본으로 한다. 이것은 철저하게 내면으로 향하는 명상 수행으로, 마음 깊은 곳, 사마디(삼매)라고 하는 내적 상태에 이르는 것을 강조하는 힌두의 가르침으로 알려져 있다.

우리는 이와 비슷한 수행법을 기독교 교리에서도 찾아볼 수 있다. 마음에서 우러나오는 기도와 내면에 집중하는 것이 강조되는 이것은 자기 자신을 외적 존재와 일치시키는 수단이 되며, 또한 자기 자신의 정화를 필요로 한다. 우리는 신으로부터 떨어져 나왔으며 연결고리가 있어서 여전히 신의 일부로서 존재한다는 것이 기본적인 신념이다. 때로는 여기에 혼란이 생기기도 한다. 그것을 말끔히 하기 위해서 내면을 향하는 작업을 해야 하고 개인의 상태를 보다 높은 의식의 단계로 끌어올리기 위해 노력해야 한다. 이러한 노력에는 신이나 또는 성인들에게 다가가고자 정서적이고 헌신적인 수행법이 사용되는데, 만트라 혹은 기도문을 낭송하는 방법도 포함될 수 있다.

   명상의 또 다른 형태는 위의 접근방식과 거의 완전히 반대
이다. 물론 궁극적으로는 같은 결론에 이르게 될 수도 있겠
지만 말이다. 여기에서는 상위 하위의 신념체계가 아예 없
다. 단계별 차이도, 보다 미흡한 상태에 있다는 개념도 문제
되지 않는다. 누구도 더 이상 열등감을 느끼지 않으며, 자신
보다 높은 어떤 것을 얻으려고 애쓰지도 않는다.

   그러므로 명상 수행에서도 마음과 내면을 향한 집중을 요
구하지 않고, 어떤 개념도 중심에 두지 않는다. 심지어는 차
크라(몸의 에너지들이 모이는 특정한 지점)에 집중하는 수련이나 몸
의 영적 중심에 집중하는 수련이라도 각기 다른 방식으로 접
근한다. 붓다의 어느 교리에서 차크라에 관한 언급을 볼 수
있긴 하지만, 관련된 수행법들을 보면 내적 중심을 개발하
는 것엔 그다지 관심을 두고 있지 않다. 그러므로 이러한 명
상의 기본형태는 사물을 '있는 그대로 바로 보는 것'과 관련
된다.

   이러한 형태의 명상에도 여러 가지 변형이 있지만, 일반적
으로는 자기 자신을 여는 다양한 방법들에 기초하고 있다.

한번의 호흡은 그 다음 숨과는 또 다르다.
호흡은 그 자체로 완전히 인식되고 느낄 수 있다.
평장히 배고픈 사람이 밥을 먹을 때
음식의 맛과 먹는 기쁨이 거의 하나가 되는 것처럼,
숨 쉬는 것도 오직 그 때 그 순간을
통해서만 알아차려야 한다.

따라서 이러한 종류의 명상으로 얻을 수 있는 것은 우리 자신을 어떤 한 단계 높은 상태로 만들어야 한다거나, 또는 어떤 종류이든 내적인 황홀경으로 빠져들기를 요구하는 오랜 기간의 힘든 수행의 결과가 아니다.

그것은 오히려 예를 들면 '일하는 명상'이나 '외향적 명상'이라고 할 수 있는 기술적인 방법들과 지혜가 마치 새의 양쪽 날개처럼 조화를 이뤄야만 한다. 이는 속세를 떠나 현실에서 한발 물러나는 것이 아니다. 사실, 외부세계 즉 현상계가 없다면 명상 역시도 거의 불가능하다. 왜냐하면 개인과 외부세계는 따로 떨어져있는 게 아니라 함께 공존하는 것이기 때문이다. 그러므로 어떤 고상하고 높은 존재와 교류하고 일치를 이룬다는 개념을 내세우지 않는다.

이러한 종류의 명상수행에서는 '지금'이라는 개념이 매우 중요하다. 사실상 그게 바로 명상의 본질이다. 무슨 일을 하든지 어떤 수행을 하든지 간에, 그것은 어떤 상위 존재를 향한 성취도 아니고 어떤 이상을 추구하거나 이론을 겨냥하는 것이 아니다. 단순히 어떠한 목적이나 야망 없이 지금 여기에 있는 것을 '바로 보는 것'이다.

넓어지기 위해 연습하고 연습하라

불교 전통 수행법인 호흡에 집중하는 명상을 통해서 우리는 현재의 순간을 알아차릴 수 있다. 호흡은 매 순간 새롭게 지금을 표현하고 있고, 이러한 호흡명상은 지금의 순간을 알아차리는 것을 기본으로 한다.

한번의 호흡은 그 다음 숨과는 또 다르다. 호흡은 그 자체로 완전히 인식되고 느낄 수 있다. 눈에 보이는 형태를 가진 것도 아니고 집중하기에 간단한 것도 아니지만 충분히 제대로 호흡을 주시해야 한다.

그건 마치 굉장히 배고픈 사람이 밥을 먹을 때 심지어 자신이 밥을 먹고 있다는 것조차 의식하지 않는 것과 같다. 완전히 음식에 빠져들어서 그 자신과 그가 하고 있는 행위가 완전히 일치하고, 음식의 맛과 먹는 기쁨이 거의 하나가 된다. 마찬가지로 숨 쉬는 것도 오직 그 때 그 순간을 통해서만 알아차려야 한다.

그러므로 이런 경우 더 높은 무엇이 되고자 하는 개념은 전혀 나타나지 않는다. 어떤 판단이나 의견도 중요하지 않다. 어찌 보면 의견이란 빠져나갈 구멍을 만들어준다. 일종의 게으른 변명이 되거나 명확한 시선을 모호하게 만들기도 한다. 우리의 의식은 조각난 개념들을 끼워 맞추면서 오히려 모호하게 가려지고, 뭐든지 좁은 틀 안에 가두고 선입견에 맞춰 집어넣으려 한다. 그러므로 신학이나 그밖의 숱한 개념, 이론들은 오히려 장애가 될 수 있다.

그렇다면 혹자는 이렇게 물을 수도 있다. "그럼 불교철학을 공부하는 핵심은 무엇이냐? 책과 경전이 있고 갖추어진 철학이 있다면, 그것 역시 개념이 아니냐? 그럼 그건 개인의 선택에 달린 문제란 말이냐?"

하지만 기본적으로 그건 다른 문제이다. 한마디로, 출발점에서부터 개념을 뛰어넘자는 것이다. 어쩌면 매우 비판적인 방식으로 진리를 찾으려는 것이다. 지성을 자극할 수 있는 비판적인 자세를 키워야 한다.

처음에는 이런 태도가 스승이 말하는 내용이나 책에 쓰여져 있는 것을 거부하게 만들기도 한다. 그러나 차츰 뭔가 느끼기 시작하고, 스스로 발견하게 되는 것이다. 그것은 상상과 실재의 만남으로, 어쩌면 아마도 모호하고 부정확한 방법으로 말과 개념들이 직관적인 인식과 만나는 느낌일 것이다. 지금 배우고 있는 것이 옳은 건지 아닌지 분명하지 않을 수도 있다. 그렇지만 곧 뭔가를 발견할 것만 같은 보편적인 느낌은 존재한다.

우리가 처음부터 완전한 존재가 되어서 시작할 수는 없다. 하지만 뭔가를 갖고 그것으로부터 출발해야 한다. 만약 이러한 지성적이고 직관적인 통찰력을 개발한다면, 서서히 한 단계씩 올바른 직관이 발달된다. 그러면 상상 혹은 환각적 요소는 점진적으로 명백해지고 결국엔 모든 것이 말끔히 사라져버린다. 마침내 모호했던 느낌은 분명하게 되고 의문은 거의 사라진다.

이러한 단계에서도 발견한 내용을 말로 설명한다거나 종이에 적어둔다는 것은 불가능할 수 있다. 그리고 또 그렇게 하려고 든다면, 그것이 자신의 영역을 제한하는 위험이 될

수 있다. 그럼에도, 이러한 느낌이 커지고 발전함으로써 결국
엔 자기 자신과 상관없이 분리된 뭔가를 성취하는 것이 아니
라, 직접적인 지식을 얻게 되는 것이다.

배고픈 사람의 경우에서와 같이 그대는 대상과 하나가 된
다. 이것은 오직 명상을 통해서만 얻을 수 있는 것이다. 그러니
명상이란 정말로 연습하고 훈련해야 하는 일이다. 직접 해보는
수밖에 없는, 그야말로 실천하는 수행이다. 그것은 어디 내면
깊이 들어가는 것이 아니라, 더욱더 넓어지고 밖으로 커지는
것이다.

'예고'의 거품에서 빠져나오기

이러한 점들이 명상 수행의 두 가지 유형에 따른 기본적인
차이들이다. 어떤 이들에겐 첫 번째가 더 적합할 수도 있고, 또
어떤 사람들에겐 두 번째 유형이 더 맞을 수도 있다. 그건 어떤
사람이 더 우월하다거나 더 정확하다거나 하는 그런 차원이 아
니다.

그러나 어떤 형태의 명상이 되었든 주된 장애물인 엄청난

욕심과 야망을 제일 먼저 극복해야만 한다. 스승이나 다른 사람들의 인정을 받고, 그대가 하고 있는 것으로부터 뭔가를 성취하려는 지나친 바램은 욕망과 야심을 키운다. 그러한 욕망이 중심이 되면 완전히 맹목적이 된다. 그건 마치 사람이 한쪽 눈만 갖고 있는 것과 같다. 게다가 그 한쪽 눈은 가슴에 붙어 있어 걸을 때에도 고개를 돌려 볼 수가 없으니 오직 제한된 영역만 보게 된다. 한쪽 방향만 볼 수 있기 때문에 머리를 움직이는 지성이 부족하고, 그러니 넘어질 위험성도 대단히 높다.

이처럼 욕망은 장애물이 되어 지금의 순간을 바로 보는데 방해가 된다. 왜냐하면 욕망이란 근본적으로, 앞으로 다가올 미래나 지나간 과거에 있었던 일을 지속시키고픈 마음에 기초하기 때문에 '지금'은 완전히 잊혀진다. 지금 현재에 초점을 맞추려는 노력을 해보지만, 아마도 겨우 20% 정도의 의식만 현재에 머물게 되고 나머지는 과거나 미래로 흩어져 있다. 그러므로 무엇이 있는지를 직접 바로 볼 수 있는 힘이 충분하지 않다.

여기에서도 자아를 벗어나야 한다는 가르침은 무척 중요하다. 단순히 자아의 존재를 부정하라는 게 아니다. 왜냐하면 에고는 상대적인 것이기 때문이다. 외부의 어떤 존재, 보다 높은 존재 혹은 자기 자신과 분리된 어떤 개념이 있다면, 우리는 다음과 같이 생각하려는 경향이 있다. 외부에 존재하는 게 있다면 이곳에도 역시나 뭔가 존재하는 게 있어야 한다고 말이다. 때때로 외부의 현상은 굉장히 압도적이어서 유혹적이거나 공격성을 띄는 듯이 보인다. 그래서 우리는 그에 맞서는 일종의 방어기제를 만든 다음, 외적 존재가 그 자체로서 지속되고 있다는 것을 인정하려 하지 않는다.

우리는 자신과 그 외적 존재를 분리시키려고 애쓴다. 그러다 보면 우리 안에 일종의 거대한 거품이 만들어진다. 공기와 물로 이루어진 이 거품은 거의가 외부대상에 대한 두려움과 반영으로 만들어진 것이다. 이러한 거대한 거품은 신선한 공기가 안으로 들어오는 것을 막는다. 그게 바로 '나', 에고이다. 그러므로 이런 관점에서 본다면, 에고는 존재한다. 그러나 그것은 분명 환영이다.

일반적으로 우리는 그런 환영을 안에다 만들어 놓고 바깥에는 그에 따른 우상이나 도피처를 만들어두고자 한다. 우리는 잠재의식에서 이미 이러한 '나'는 단지 거품일 뿐이고 어느 순간에 터져버릴 것이라는 걸 알고 있다. 그렇기 때문에 의식적으로든 무의식적으로든 최대한 그 거품을 감싸고 보호하려고 한다. 사실상 우리는 수 백년 동안이나 이러한 에고를 보호하는 기술들을 습득했기에 여태 지키고 간직하고 있는 것이다. 그건 마치 어떤 사람이 안경을 너무나 소중하게 여겨 안전하게 보호하겠다며 상자 안에 넣어두고 몇 겹으로 꼭꼭 싸맨 나머지 다른 것들은 전부 부서지고 그것만 남게 되는 경우와도 같다. 아마도 그는 다른 물건들은 불안정한 상황에서도 잘 버텨낼 수 있으리라 믿었을 수 있다. 그러나 그 안경은 그렇지 못할 거라고 생각하고 감싸두었기에 오래 남아 있었다.

마찬가지 이유로 에고는 오래 지속되고 있다. 바로 한 순간에 터져버릴 수 있다고 불안하게 느끼기 때문이다. 너무 지나치고, 너무나 많이 노출되어 있다고 느끼기 때문에 우리

는 에고가 무너질 것에 대한 두려움을 갖는다. 그것이 사실 우리 자신의 반영일 뿐임에도, 우리의 외부에 그토록 강렬한 모양으로 견고하게 세워진다.

그렇기 때문에 에고를 벗어난다는 개념은 자기(self)가 있느냐 없느냐, 신이 존재하느냐 아니냐 하는 그런 문제가 아니다. 그건 바로 거품이라는 개념 자체를 버리는 문제이다. 그렇게 한다면 일부러 에고를 깨뜨릴 필요도, 신을 의도적으로 탓할 필요도 없다. 그리고 그러한 벽이 허물어졌을 때 우리는 더 커지고 곧장 흘러갈 수 있다.

이건 오직 명상을 통해서만 얻을 수 있다. 아주 실질적이고 간결한 방법으로 접근해야만 한다. 그렇게 한다면 기쁨과 은총의 신비로운 체험이건 또는 무엇이든 간에, 우리는 모든 대상에서 그러한 체험을 발견할 수 있게 된다. 그것이 바로 우리가 '위빠사나(vipassana)' 혹은 '직관 명상'을 통해 얻을 수 있는 것이다.

일단 수련의 기본 유형을 세운다. 상황에 대처하는 어떤 일정한 방법론을 개발했다면 호흡명상일 수도 있고, 걷기명상일 수도 있다. 그래서 어떠한 단계에 이르게 되면, 기술은 서서히 사라지고 점차 실체가 확장되어 더 이상은 기술적인 방법을 사용할 필요가 없게 된다. 이렇게 되면 안으로 집중할 필요 없이 점점 더 밖으로 바깥으로 확장된다. 그리고 점점 밖으로 확장될수록 우리는 점점 더 중심 없는 존재의 깨달음에 가까이 다가가게 되는 것이다.

이것이야 말로 우리가 여기에서 말하는 명상의 기본이다. 그리고 그건 다음과 같은 세 가지 기본 요소를 갖고 있다.

첫째, 내면에 중심을 두지 않기. 두 번째, 더 높은 것이 되겠다는 어떠한 열망도 갖지 않기. 세 번째, 바로 지금 여기에 완전히 하나가 되는 것. 이러한 세 가지 요소를 따르면서 처음부터 깨달음을 얻는 그 순간까지 명상을 통해서 올바르게 나아가야 한다.

기본적으로 명상에는 두 가지 단계가 있다.

첫 번째는 명상의 최초 시작점을 찾을 수 있도록 자기자신을 다스리는 것을 포함한다. 그러니 여기에서는 특정한 테크닉들, 호흡을 관찰한다거나 하는 그런 테크닉들이 사용된다.

두 번째 단계에서는 그러한 호흡법, 또는 기술적인 방법이 무엇이든지 간에 그러한 테크닉을 뛰어넘어 그 이면에 있는 실체를 보는 단계이다. 그러한 테크닉들을 통해 실질적인 리얼리티에 접근하게 되는 것이다. 그것은 바로 현재의 순간과 하나가 되는 그런 느낌이다.

● 명상에 관한 몇 가지 Q & A

당신은 '지금(nowness)'이라는 개념을 말씀하셨는데, 시간이라는 상대적인 순간의 깨달음을 통해서 절대성을 깨달을 수 있다는 게 어떻게 가능한지 궁금하다.

A

글쎄, 어떻든 그러한 상대적인 측면을 통해서 먼저 시작해야 한다. 그래서 결국에는 이러한 '지금'이 더 이상은 지금을 표현해주는 상대적인 방법에 의존하지 않는 살아있는 힘을 가지게 될 때까지 말이다.

'지금'이란, 상대성의 개념을 넘어서 항상 존재하는 것이라고 누군가 말할는지도 모른다. 그러나 모든 개념이 상대성에 기초하고 있는 한, 상대성의 개념을 넘어서는 건 찾기 힘든 일이다. 그러므로 '지금'이란 바로 보기 위한 유일한 방법이다.

우선, 지금이란 과거와 미래 사이에 있다. 그런 뒤에 우리는 점차 지금이란 상대성에 의존하는 게 아님을 알게 된다. 과거가 존재하는 게 아니고 미래가 존재하는 것도 아니라는 걸 알게 되는 것이다. 모든 건 '바로 지금' 일어난다. 마찬가지로, 공간을 나타내기 위해서는 먼저 꽃병이라도 올려봐야 한다. 그런 다음엔 그걸 깨뜨리는 거다. 그러면 우리는 꽃병 내부의 빈 공간이 바깥에 있는 빈 공간과 같은 것임을 보게 된다. 이게 전부다.

처음엔 그 '지금'이라는 것도 어찌 보면 불완전하다. 혹자는 명상조차도 완벽하지 못한 것이라고 말할 수 있다. 순전히 인간이 만들어낸 수행법일 뿐이라고 말이다. 자리에 앉는다, 평정심을 찾는다, 호흡에 집중한다, 뭐 이런 식의 방법 말이다.

그러나 그런 식으로 일단 시작을 하면, 서서히 뭔가 그 이상의 것을 발견하게 된다. 그러한 노력은, 예를 들어 지금이라는 현재의 순간을 발견하고자 하는 그런 노력은 헛된 것이 아니다. 똑같은 행동이 어떤 이들에겐 바보 같은 짓으로 보일 수도 있겠지만, 그러나 그것만이 시작할 수 있는 유일한 방법이다.

명상을 시작하기 전에 자신의 모든 에고를 벗어야만 하는가, 아니면 수행을 하면서 자연스럽게 따라오는 과정인가?

자연스럽게 찾아온다. 왜냐하면 에고 없이 시작할 순 없기 때문이다. 그리고 에고 자체가 근본적으로 나쁘다는 것도 아니다. 좋고 나쁜 건 어디에도 없다. 그건 오직 부차적인 것이다. 에고란 어찌 보면 잘못된 것일 수도 있지만 반드시 나쁘다고만 할 수 없다.

에고를 가지고 출발해야 한다. 그래야 점차 닳아 없어지게 된다. 마치 신발 한 켤레처럼 말이다.

다만 그것을 반드시 사용해야 하고 완전히 써서 없애야 한다. 그래서 남아있는 게 전혀 없도록 해야 한다. 그렇지 않고 에고를 한쪽으로 제쳐두고서 완벽한 상태에서 출발하겠다고 하면, 한편으론 그 완벽함이 더 상승할 수도 있겠지만 다른 한편에선 여전히 똑같은 크기로 불완전함이 같이 커지고 있다. 아주 선명한 불빛을 만드는 것은 동시에 주변에 짙은 어둠을 만드는 것과 같은 그런 이치다.

Q

두 가지 명상의 기본 형태를 얘기했다. 상위 존재와 소통하고자 하는 헌신적 수행과, 다른 하나는 단순히 알아차리는 것. 하지만 이러한 신앙적인 수행 역시 여전히 불교의 한 부분으로서 역할을 하고 있고, 당신도 불경을 암송한다거나 그런 식의 여러 가지 방식들을 수행하고 있을 것이다. 그렇다면 이게 어떻게 되는 건지 정확히 모르겠다. 그러니까 내 말은, 각기 다른 두 방법이 실질적으로 만나질 수 있는 것인가?

A

그렇다. 다만 불교에서 볼 수 있는 헌신적 수행이란 단지 자신을 여는 과정, 에고를 내려놓는 과정이다. 말하자면 새로운 그릇을 만드는 작업이다. 그렇다고 다른 종류의 신앙적 헌신을 요구하는 건 아니다.

그러나 만약 방법의 활용이 익숙지 않은 사람의 관점에서 본다면, 그 때의 신앙적 기도는 자아에서 벗어나고자 하는 바램이 된다. 자기 자신을 분리된 존재로, 불완전하고 구속된 존재로 보고 있는 것이다. 기본적으로 자신을 옳지 못하다고 생각하고 깨부수려고 한다.

다시 말하면 자신의 불완전한 부분은 '나'라는 정체성과 일치시키고, 완벽한 건 어떤 외적 존재와 결부시킨다는 것이다. 그러므로 우리에게 남은 건 그런 구속을 깨고 넘어서도록 노력하는 일이다. 이러한 종류의 신앙은 에고를 인식하는 것, 즉 에고의 부정적인 측면을 지나치게 부각시킨다.

물론 불교에도 수 백 가지 다양한 헌신적인 수행이 있다. 구루에게 바치는 기도나 구루와 합일을 이루고자 하는 수행도 많고, 그리고 그런 헌신을 통해 마음의 깨달음을 이루려는 수행법들도 많이 있다. 그렇지만 이러한 경우의 헌신적 수행에서도 불교는 에고에 중심을 두지 않고 출발한다. 예를 들어 법문이나 예식을 행하는 데 있어서 상징을 사용한다거나 또는 붓다를 시각화하는 경우, 어떤 식으로든 시각화가 있기 이전에 제일 먼저 형식 없는 명상을 시작한다. 그때의 명상은 완전히 열린 공간을 창출한다.

그리고 마지막으로 "나는 존재하지 않는다. 눈에 보이는 것도 존재하지 않는다. 눈에 보이는 것의 작용도 존재하지 않는다."라는 '삼륜게(三輪偈)'를 낭송한다. 그렇게 되면 일련의 성취감은 다시 열린 공간으로 사라져버리고, 따라서 무엇인가 내면으로 끌어모으고 있다는 느낌이 들지 않는다. 이것이 기본적인 핵심이라고 생각한다.

　사람에 따라 엄청난 신앙적 헌신을 느끼게 될 수도 있지만, 그러나 그것은 헌신의 추상화된 형태의 일종일 뿐 내면에 중심을 두지 않는다. 단순히 기도하는 마음과 자신을 동일시하는 것, 그뿐이다. 아마도 이는 다른 종류의 헌신인데, 어떤 중심이 존재하지 않고 오직 헌신만이 남는다. 반면 다른 경우에서는 헌신의 기도에 요구와 바램이 들어간다. 즉, 기도의 보상으로 뭔가를 얻고자 기대하는 것이다.

　나를 열고 버린다는 부분에서 엄청난 두려움이 생기지는 않나?

A

　두려움이란 에고가 갖고 있는 강력한 무기 중 하나이다. 두려움은 에고를 보호해준다. 에고의 어리석음을 목격하기 시작하는 단계에서 두려움이 생기게 되는데, 그 두려움은 에고의 마지막 무기가 된다. 그 지점을 넘어서면 두려움은 더 이상 생기지 않는다. 왜냐하면 두려움의 목적은 사람을 겁주기 위한 것으로, 그 대상이 사라진다면 두려움이란 것도 제 기능을 상실하게 되기 때문이다. 두려움이란 매 상황 그대들의 반응으로 인해 계속해서 나타나게 된다. 그러니 두려움에 반응할 사람이 없다면, 즉 에고가 사라진다면 두려움은 더 이상 존재할 수 없다.

당신은 에고를 하나의 대상으로 보는 건가? 외부 환경의 일부라는 관점에서 말이다.

에고란, 거품과 같은 것이다. 어떤 최종 지점에 이르기 위한 일종의 목표라고 할 수 있다. 왜냐하면 그건 실제로 존재하는 게 아닌 일시적인 상태이며, 사실상 실질적으로 존재하는 실체라기보다는 하나의 목적으로서 자신을 드러낸다. 자아를 방어하고 에고를 유지하고자 하는 또 하나의 방법인 것이다.

그것도 에고의 한 측면인가?

그렇다.

Q

그렇다면 에고를 없앨 순 없겠다. 그렇지 않으면 통찰력이나 인식능력을 잃어버리게 될 것 같다.

A

꼭 그런 건 아니다. 왜냐하면 에고란 이해심이 없기 때문이다. 전혀 인식이 없다. 에고는 잘못된 방식으로 나타나고 혼란을 초래 하지만, 반면에 통찰력이란 그 이상의 것이다.

Q

에고는 일차적인 현상이라기보다는 이차적인 현상이라고 할 수 있는가?

A

그렇다. 어떤 면에서 에고가 지혜인 경우도 있다. 그러나 동시 에 에고는 무지의 성향이 있다. 그러므로, 자신이 무지하다는 걸 깨달을 때, 그 때가 바로 지혜를 발견하는 시작이다. 그 자체가 바 로 지혜인 것이다.

Q

우리 안에 있는 에고가 무지인지 지혜인지 어떻게 결정짓는가?

그건 결정의 문제가 아니다. 그런 식으로 이해하는 건 너무 단순한 일이다. 여러 가지 복합적인 측면을 지닌 하나의 개체로서 에고를 얘기하고는 있지만, 근본적으로는 에고가 구체적인 물질이 아니라는 건 분명하다.

사실 에고는 시간에 따라 창조의 과정을 거치면서 계속 유지된다. 끊임없이 사라지고 다시 태어나기를 반복한다. 따라서 에고가 실제적으로 존재하는 건 아니다. 하지만 에고 역시 지혜의 일종으로서 작용한다. 에고가 사라질 때 그것이 지혜이고, 에고가 처음 굳어지는 순간은 무지가 시작되는 순간이다. 그러므로 지혜와 에고는 따로 떨어진 게 아니다.

딱 잘라 말하긴 어렵지만, 어찌 보면 흑과 백으로 분명히 나뉘었을 때가 오히려 속 편한 경우가 있다. 그러나 그건 존재의 자연스러운 양상이 아니다. 흑과 백으로 똑 떨어지는 건 결코 없다. 모든 건 서로 상호의존적이니까 말이다. 어둠은 빛의 한 측면이고, 빛은 어둠의 또 다른 측면이다. 그러므로 한쪽에만 비난을 퍼붓고 다른 쪽은 뭐든지 추켜세울 수는 절대 없다.

자기 자신의 길을 찾는 것은 전적으로 개인에게 남겨진 몫이다. 그렇게 할 수 있다. 그건 한번도 수영을 해본 적 없는 개의 경우와 똑같다. 갑자기 물에 빠졌을 때 개는 수영할 수 있다. 마찬가지로 우리는 우리 안에 일종의 영적인 본능을 갖고 있다. 자신을 기꺼이 열 수 있다면, 그렇게 되면 우리는 자신의 길을 곧장 찾아 낼 수 있다. 그건 단지 자신을 여느냐 못여느냐 하는 문제이지, 말로 정의를 내리려고 할 필요가 전혀 없다.

명상의 목적을 요약해서 말씀해주실 수 있는가?

명상이란 그 자체가 목적이라고 볼 수 있다. '무엇을 위한 명상'이라기 보다는 그 목표 자체를 다루고 있는 것이다.

일반적으로 우리는 모든 일을 하는 데 있어서 어떤 목적을 갖는다. 앞으로 있을 어떤 일 때문에 지금 하는 이 일이 중요하다는 식이다. 모든 게 그런 식으로 연결되어 있다.

하지만 명상이란 완전히 다른 방식의 태도를 키우는 일이다. 거기엔 어떠한 목적도 전혀 없다. 사실 명상은 우리가 목적이라고 부르는 그런 것이 있느냐 없느냐의 문제를 다룬다고도 할 수 있다. 상황에 대처하는 다른 방식을 배우게 되면 더 이상 목적을 가질 필요가 없다. 우리는 어딘가를 향해 가고 있는 것이 아니다. 우리 는 그 길 위에 있다. 또한 동시에 목적지에 와 있다. 그것이야말로 진정한 명상의 이유이다.

Q

그렇다면 점차 현실과 융화된다고 말할 수 있는가?

A

그렇다. 현실은 항상 존재하는 것이며 따로 떨어진 실체가 아니다. 그러니까 현실과 일치하느냐 또는 현실 속에 존재하느냐의 문제이다. 이는 하나가 되어야 한다는 게 아니라, 일체감을 말하는 것이다.

우리는 이미 현실의 일부이다. 그러므로 결국은 의심을 던져버려야 한다는 것이다. 그렇다면 우리는 항상 거기에 있음을 알게 된다.

Q

눈에 보이는 게 실체가 아니라는 깨달음으로 그걸 설명해도 되겠는가?

'보이는 것'이라니? 조금 더 설명해주겠는가?

Q

관찰하는 사람과 관찰의 대상이 결국 합쳐진다는, 그래서 눈에 보이는 것이 절대 실체가 아니라는 윌리엄 블레이크(William Blake)의 이론이 떠올랐다.

A

여기에서 '눈에 보이는 것'이란 실체를 말한다. '지금'을 넘어서는 건 아무 것도 없다. 그러므로 우리가 보는 것은 실체이다. 다만 사물을 바라보는 우리의 상투적인 방식 때문에, 있는 그대로를 바로 보지 못하는 것뿐이다.

Q

그러면 모든 사람은 각각 개별적인 존재이며 각자 고유의 방식을 찾아야 한다는 말인가?

A

글쎄, 이제껏 얘기했던 에고의 문제로 다시 되돌아가는 것 같다. 물론 개인의 성격이라는 게 있다. 그렇지만 개인이라고 해서 주위 환경이나 외부 현상과 동떨어진 완전한 개체는 아니다. 바로 그런 까닭에 다른 접근 방식이 필요한 것이다.

반면에, 우리가 다른 존재들과 전혀 관련 없는 개체라면, 일치를 이루기 위한 다양한 방법을 찾을 필요도 없을 것이다.

개별성이라는 양상은 존재하되 이러한 개별성은 상대성에 기초하고 있다는 것이 바로 핵심이다. 개별성이 있다면, 거기엔 또한 일치와 조화도 역시 있어야 한다.

Q

그러한 일치를 만드는 게 바로 개별성이고, 우리가 개인이 아니라면 하나로 모일 수도 없을 것이다. 그렇지 않나?

A

'개별적(individual)'이라는 단어가 조금 모호하다. 초반에는 그 개별성이 더 많이 강조될 수도 있다. 왜냐하면 거기엔 다양한 측면이 있기 때문이다. 깨달음의 단계에 이를 때조차도 자비, 지혜, 에너지의 요소들과 더불어 온갖 종류의 다양한 변형들이 있을 것이다.

그러나 우리가 여기서 '개별적'이라고 말하는 것은 뭔가 그 이상의 것이다. 우리는 그것을 수많은 것들이 덧붙여진 하나의 특징으로 보려 하는 경향이 있다. 어떤 안정을 추구하려고 한다는 것이다.

일단 지혜라고 한다면, 우리는 거기에 모든 걸 걸려고 한다. 그렇게 되면 완전히 분리된 개체, 분리된 사람이 된다. 그건 전혀 분리가 안되는 것인데 말이다. 그러나 여전히 개별적인 측면들이 있고, 개별적인 특성이 있긴 하다. 힌두 사상을 보면, 신도 다양한 특징과 상징들로 나타난다. 그러므로 실체와 일치를 이루게 되면, 그때의 현실이란 단순히 하나가 아닌 더 넓은 각도에서 바라볼 수 있게 되는 것이다.

뭐든지 잘 받아들이는 태도를 가지고 있고 자신의 본성에 일치하고자 하는 사람이라면, 어떠한 명상법을 배울 수 있는가? 아니면 자기 스스로 개발할 수 있는가?

사실, 설명을 듣고 가르침을 받을 필요가 있다. 무언가를 받아들이기 전에는 먼저 주는 법을, 자신을 내려놓는 법을 배워야 한다. 그러면 배운다는 건 이해를 높이는 것임을 알게 된다. 게다가 배움은 자기도취적인 태도, 즉 마치 모든 건 '내가 한 일'이라는 듯한 과장된 성취감을 갖지 않도록 해준다.

그것만으론 스승으로부터 교육을 받아야 한다는 충분한 이유가 못되는 것 같다. 모든 걸 스스로 해냈다는 식의 공치사를 막기 위한 것이라면 말이다. 예를 들면, 라마나 마하리쉬(Ramana Maharshi)와 같은 사람들, 어떤 외부의 스승 없이 깨달음을 이룬 사람들 말이다. 오만했을지 모르나 그는 확실히 스승을 찾아가지 않았다.

물론이다. 하지만 그는 예외적인 경우다. 그게 전부다. 그럴 수도 있는 일이다. 가능하다. 그리고 기본적으로 어느 누구도 다른 사람에게 자기 것을 고스란히 물려주거나 전달할 수 없다.

그러니까 어떤 경우엔 그렇게 했던 것이다. 그러나 스스로 쌓아 올리는 것도 어쩌면 에고의 특징과 비슷하다. 에고의 작용이 쉽게 이뤄질 수 있다. 왜냐하면 이미 거기엔 '나'라는 개념이 있기 때문이고, 그렇게 되면 '나'의 입장에서 더 많이 쌓아 올리기를 바라게 된다.

내 생각엔, 너무 간단하게 들릴지 모르지만, 정말로 이게 전부다. 서서히 자신을 비우는 법을 배우는 것, 에고를 버리는 것이야 말로 중요한 과제이다. 이때 스승이란 일종의 거울과 같은 역할을 한다. 스승은 우리의 비춰진 모습을 다시 되돌려주기도 한다. 그럴 때 여러분들은 자신이 얼마나 아름다운 존재인지, 또는 얼마나 추한 모습인지를 알 수 있게 되는 것이다.

집중에 집중하지 말라

이쯤에서 명상에 관한 한두 가지 핵심을 설명해야 하겠다. 물론 이미 전반적인 배경은 논의했지만 말이다.

일반적으로, 명상이란 교실에서 수업될 수 있는 것이 아니다. 그건 스승과 제자 사이의 어떤 개인적인 관계에서 더 효과적이다. 또한 호흡을 주시하는 것과 같은 기본적인 테크닉 안에서도 어떤 변형들이 생기게 된다. 지금 여기에서 명상의 기본적인 방법들을 익히게 되면 앞으로 더 깊게 접근하고자 할 때 제대로 실천할 수 있고, 스승으로부터 더 깊은 가르침을 받아들일 수 있게 될 것이다.

이미 얘기했듯, 명상이란 집중력을 키우는 훈련과는 아무 런 관계가 없다. 비록 많은 불교서적에서 그러한 수행법들, 이를테면 집중력을 키우는 '사마타(shamatha)'와 같은 수행을 얘기하고 있지만, 이런 개념들은 일부 잘못 이해되고 있는 것 같다. 심지어 어떤 사람은 명상 수행이 상업적으로도 이 용될 수 있겠다는 생각을 할 수도 있다. 돈을 센다거나 하는 일에 고도의 집중력을 발휘할 수도 있을 것이다. 그러나 명 상은 상업적으로 이용되기 위한 것이 아니다. 명상은 확실히 다른 개념의 집중이다.

알다시피, 우리는 완벽한 집중을 하지 못한다. 집중을 위 해서 무지 애쓴다면 그 주제에 대해 집중을 하고 있다는 생각 이 필요하고, 또 그 생각을 더 가속화시키는 또 다른 무엇이 필요하다. 그러므로 두 가지 과정이 따르게 되는데, 두 번째 과정은 일종의 감시자처럼 자신이 제대로 집중하고 있는지 확인하는 것이다. 그런 걸 던져버려야 한다. 그렇지 않으면 집중은 결국 더 많이 자기를 의식하는 것으로 끝나게 된다.

이는 실제로 집중이라는 상태에 들어가 있는 게 아니라 단지 '내가 집중하고 있구나'를 의식하고 있는 상태일 뿐이다. 이건 결국 악순환이다. 그러므로 지나치게 조심스러운 자기 중심적인 경계태세를 벗어버리지 않고는 집중을 발전시킬 수 없다. 그게 바로 에고다. 그러므로 '사마타 훈련법'이라고 하는 호흡관찰법은 호흡 자체에 집중하는 게 아닌 것이다.

결가부좌는 좌식 생활을 하는 동양인들에겐 익숙하다. 그래서 그런 자세로 앉을 수 있는 사람은 보다 수월할 것이다. 그러니까 어디서나, 심지어는 들판의 한복판에서도 앉아서 명상할 수 있다. 앉아 있다는 의식도 할 필요 없고, 깔고 앉을 만한 물건을 찾으러 돌아다닐 필요도 없다.

신체 자세는 그 자체로 중요성을 갖는다. 예를 들어, 눕는다고 하면 누운 자세가 졸음을 불러올 수도 있다. 서 있는다면 걷게 될 수도 있다. 그렇지만 결가부좌로 앉는 게 불편한 사람들이라면 의자에 앉아도 상관없다. 전통적인 불교의 그림에서, 의자 위에 앉아 있는 자세를 '마이뜨레야 아사나(Maitreya Asana)'라고 하는데, 전혀 상관없다. 중요한 건 등을 곧게 펴서 호흡에 전혀 긴장이 들어가지 않도록 하는 것이다.

그리고 이미 얘기한 것처럼, 호흡 자체는 집중의 문제가
아니다. 숨을 쉬고 있다는 그 감각과 하나가 되는 것이 핵심
이다. 초기에는 노력이 필요하지만, 어느 정도 훈련을 하게
되면 숨을 쉬고 있는 움직임을 알아차리게 된다. 이건 아주
자연스럽게 따라오는 단계이다.

호흡에 마음을 묶어두려고 일부러 애쓰지 않아도 된다. 숨
쉬고 있다는 걸 느끼면 된다. 내쉬고, 들이마시고, 내쉬고,
들이마시고. 그러다 보면 보통 내쉬는 호흡이 들이마시는 호
흡보다 점차 길어지게 되고, 차츰 호흡이 밖으로 나가면서
멀리 퍼지는 공간을 인식할 수 있게 된다.

스스로 권위적으로 되지 않는 것과 어떤 특별한 의식에 참
여하고 있다는 느낌에 빠지지 않는 것 또한 매우 중요하다.
아주 자연스럽게, 있는 그대로 자발적으로, 단순히 자신의
호흡과 하나가 되도록 하라. 그게 집중의 전부다. 어떠한 사
상도 없고 분석할 것도 없다.

생각이 떠오르면 단지 그 자체를 관찰한다. 어떤 주제로서
가 아니라 생각 자체로서 말이다. 생각이 떠오를 때 보통 우

리는 그것이 생각이라는 걸 전혀 알아차리지 못한다. 예를 들어, 휴가여행을 계획하고 있다고 가정해보자. 그 생각에 너무 몰두한 나머지 우리는 거의 이미 그 여행을 떠난 듯한 상태가 되어 그게 생각일 뿐이라는 것조차 알아차리지 못하게 된다.

반면에 그것이 단지 만들어낸 그림일 뿐이라는 걸 알게 되면, 어느 정도 현실감이 떨어진다는 걸 알게 된다. 명상 중에 떠오르는 생각들을 짓누를 필요는 없다. 다만 모든 것은 나타났다 사라지는 일시적인 것임을, 그러한 생각들의 무상함과 반투명한 본성들을 그저 지켜보는 것이다. 생각 속에 빠져들어서도 안되고, 일부러 거부해서도 안된다. 다만 단순히 그러한 생각이 들어왔음을 관찰하고 지켜본 후에 다시 호흡관찰로 돌아오면 된다.

전체적인 요지는, 모든 것을 받아들이는 심성을 키우고, 그리하여 분별심을 없애고, 어떤 종류의 갈등과 노력에도 빠져들지 말라는 것이다. 그것이 바로 명상의 기본적인 방법이다. 아주 간단하고 직접적인 방법이다. 거기에는 어떠한 인위적인 노력도 있을 수 없다.

뭔가 조절할 필요도, 평화롭고 고요해지려는 노력도 필요 없다. 바로 이러한 이유에서 호흡이 사용되는 것이다. 호흡을 느낀다는 건 쉬운 일이 아니지만 말이다. 자아에 관한 의식을 가질 필요도 없고, 뭔가 하려고 애쓸 필요도 없다. 바로 그렇기 때문에 처음 시작하는 방법이 중요한 것이다.

지금까지 말한 것은 처음 시작하는 사람을 위한 초보적인 방법이지만, 점차 지속되면서 그 자체로 자기만의 방식으로 발전된다. 때로는 맨 처음 시작했을 때와는 조금 다르게 진행하고 있는 자신을 보게 될 것이다. 그러나 그것 역시도 매우 자발적인 상태이다. 이건 초보자용 테크닉, 저건 고급 단계의 테크닉이라는 식의 분류는 무의미하다. 단순히 서서히 성장하고 발전해나가게 될 것이므로.

7. 지혜

Wisdom

우리는 **여행**을 하고 있는 길 위에 있으면서
그와 동시에 사실상 **종착지**에 와 있음을 알게 된다.
길 위에 있으나 이미 그곳이 종착지이니
실은 **도착**해 있는 것이다.
이것은 오직 '**나**' 로부터 **시작**하지 않고,
기대하는 게 없을 때에만 일어날 수 있다.

7. 지혜

바로보기

단지 있는 그대로 받아들여라

산스크리트어로 '프라냐(prajna)'라고 하는 '지혜(wisdom)'
는 영어 단어로는 약간 다른 의미를 지닐 수도 있겠다. 그러
나 티벳에서 쓰이는 '쉬랍(sherab)'이라는 말에는 보다 분명한
뜻이 담겨 있다. 쉬(she)는 지식(knowledge), 안다는 것을 뜻하
고, 랍(rab)은 궁극적(ultimate)이라는 의미이다. 즉 최초 혹은
근본적인 지식, 보다 높은 단계의 지식을 말한다. 그러므로
'쉬랍'은 어떤 특정한 기술적인 지식이나 불교신학에 관한
학문적 의미에서의 지식을 뜻하는 게 아니다.

또는 무엇을 어떻게 해야 하는지 그 방법을 안다는 것도

아니며, 그렇다고 형이상학적 가르침에 대한 지식도 아니다. 여기서의 지식이란 상황을 아는 것, 실질적인 지식이라기보다는 '알고있음(knowingness)' 자체이다. 자아가 배제된 지식으로, 내가 무엇을 알고 있다는 자기중심적인 의식이 없는 상태의 지식이다. 그러므로 프란냐 또는 쉬랍으로 불리우는 지혜는 정확하게 꿰뚫어보는 힘을 갖는 동시에 넓고 멀리 볼 줄 안다. 그리고 우리 삶의 모든 측면에 깊게 들어온다.

이러한 지혜는 상황에 올바르게 대처할 수 있는 수단인 '우파야(upaya-해결방법)'가 되어 우리의 성장에 매우 중요한 역할을 한다. 사실 이러한 두 가지 특성은 종종 새의 양쪽 날개에 비유되곤 한다. 우파야는 경전에서 솜씨 좋은 손재주와 같이 묘사되어 있고, 프란냐는 날카롭게 꿰뚫는 도끼와 같은 것으로 나와 있다. 도끼 없이는 나무를 벨 수 없고 단지 손만 다치게 될 뿐이다.

그렇지만 만약 거기에 프란냐를 갖춘다면 눈(eye)이나 빛(light)을 이용하는 셈이 되어 더 능숙하게 움직일 수 있게 된다. 그렇지 않고 기술적인 수단만으론 부족하다. 사실 모든 것이 여전히 에고에 근거하고 있기 때문에 우파야 자체만으로는 어리석은 바보가 될 수 있다. 어떤 상황을 한 가지 관점에서만 본다면 부분적으로만 이해하게 될 것이다. 그러면 전체를 명료하게 보지 못하고, 과거와 미래에 의해 영향 받지 않는 즉각적인 현재성을 놓치게 될 것이다.

그러면 이제부터 우리가 어떻게 이러한 '알고 있음' 또는 쉬랍을 키울 수 있는지 살펴보기로 하자. 쉬랍을 발전시키는 데 필요한 세 가지 방법이 있다. 티벳에서는 이들을 토파(topa), 삼파(sampa), 곰파(gompa)라고 부른다. 토파는 어떤 주제를 갖고 공부하는(to study) 것이고, 삼파는 그것을 깊게 생각하는(to contemplate) 것, 그리고 곰파는 명상하고(to meditate) 명상을 통해 사마디 즉 깨달음을 얻는 것을 의미한다.

첫 번째, 토파, 주제에 의한 공부는 기술적인 지식과 관련하여 경전을 연구하고 이해하는 방식 등을 말한다. 그러나 참된 지식이란 그보다 더 깊은 것이다. 토파를 위해 요구되는 첫 번째 자세는 전사처럼 용기를 가져야 한다는 것이다.

앞서도 얘기했지만, 전장에 나가는 전사는 자신의 과거에 연연하지 않고 이전에 누렸던 명예와 권력에도 신경 쓰지 않는다. 마찬가지로 앞으로 다가올 결과를 생각하지도 않는다. 이기고 지는 것에 대해 생각하지 않고, 고통과 죽음에 대해서도 걱정하지 않는다.

위대한 전사는 자기 자신을 잘 알고 있고 굳건한 자신감을 갖고 있다. 단순히 상대인 적수를 의식할 뿐이다. 그 상황에 대해 선이냐 악이냐 하는 개념 없이 완전히 열린 상태에서 상황 전체를 인식하는 것이다. 그를 위대한 전사로 만드는 것은 바로, 그에게는 어떠한 사견도 없다는 것이다. 단순히 의식하고 있을 뿐이다. 반면에 적수들이 그러한 상황 속에 감정적으로 빠져들어가 있다면 그들은 이 전사를 상대하지 못할 것이다. 왜냐하면 전사는 온전히 행동하고 있고, 상대방의 두려움을 속으로 질주하여 효과적으로 적을 공격할 수 있기 때문이다. 그러므로 토파를 공부하는 데는 이러한 위대한 전사와도 같은 자질이 요구된다.

이론을 공부하고 지식을 쌓을 때에는 과거나 미래에 얽매

이지 않아야 한다. 흔히 처음엔 책읽기에 영향을 받을 수 있다. 책에서 배우고 공부한 내용들은 매우 중요하고 영감의 원천을 제공하는 요소들이다. 그러나 책도 역시 현실로부터 도피하는 수단이 될 수도 있다. 스스로 직접 대상을 살펴보고 진정으로 노력하지 않는 것에 대해 변명을 제공하기도 한다.

책읽기는 어쩌면 음식을 먹는 것과도 같다. 어느 지점까지는 신체적 필요에 의해 먹는다. 그러나 그 지점을 넘어서면 먹는 즐거움을 위해 먹게 된다. 음식의 맛을 좋아하거나 또는 단순히 그런 시간을 즐길 수도 있다. 아침 식사시간이나 점심시간, 또는 차를 마시는 시간이나 저녁 식사시간처럼 말이다.

하지만 쉬랍, 즉 지혜를 발전시키는 데 있어서는 지적 정보를 쌓기 위한 책읽기가 그리 중요하지 않다. 단정짓지 않고 완전히 열린 자세로 책을 읽어야 한다. 그저 받아들이는 노력이다.

장난감 가게에 들어간 아이들의 모습에서 이와 비슷한 경

우를 볼 수 있다. 아이는 무엇이든 좋아하다 보니 가게에 있는 온갖 장난감들과 자신을 일치시킨다. 그래서 결국은 딱 한가지만 사야 할 때 어떤 걸 사야 할지 결정하기가 무지 어려워진다. '이건 갖고 싶고 저건 갖고 싶지 않다' 는 의견, 그 개념 자체를 잃어버린다. 아이는 모든 것과 동일시되는 지점에 이르게 되어 결정을 할 수 없는 것이다.

배운다는 것도 바로 이처럼 되어야 한다. '이건 좋고 저건 싫다' 는 식의 단정을 버리고, 단지 받아들이는 것이다. 경전에 나와 있는 말이라서, 또는 선생님들이 그렇게 말을 하니까 권위에 수긍해야 하기 때문에, 아니면 내게는 따지고들 권리가 없기 때문이어서가 아니다. 어떠한 장애물도 없이 순전히 열린 자세로 대상을 받아들여야 한다는 뜻이다.

그러므로 읽고, 공부하고, 그래서 얻어지는 영감을 키울 일이다. 우리는 온갖 종류의 책에서 많은 것을 얻을 수 있다. 그러나 거기엔 한계가 있다. 그러니 어느 정도 영감과 자신감을 얻게 되었을 때, 그땐 책을 내려놓아야 한다. 이것이 첫 번째 단계인 토파, 이론을 발전시키는 단계이다.

금보따리를 지닌 거지의 어리석음

이렇게 공부하다 보면 종종 어느 지점에 이르러 공부한 이론이 거의 경험한 것처럼 나타나서 마치 깨달음이나 어떤 영적 황홀경의 상태에 도달한 듯한 느낌이 들 때가 있다. 엄청난 환희와 함께 어떤 실체를 보았다고까지 느끼게 된다. 나아가 그 주제에 대해 굉장한 글을 쓸 수 있을 것만 같은 무아지경에 빠지게 된다.

하지만 이 단계를 매우 조심해야 한다. 그리고 자신이 놀랍고도 새로운 발견을 했다는 생각에 지나치게 빠져들지 않아야 한다. 그보다 중요한 건, 어떻게 하면 이 지식을 효과적으로 사용하느냐이다. 그렇지 않으면 단지 금 보따리를 발견한 가난한 거지와 같을 뿐이다. 그의 마음 속에선 금이란 먹을 것과 연결되기 때문에 금 보따리를 발견했을 때 바로 흥분하게 된다. 그러나 그는 실질적으로 음식을 구하기 위해서 물건을 팔고 사는데 금을 어떻게 써야 할지 전혀 모른다. 이런 일은 전에 한번도 경험해본 적이 없었기에 오히려 문젯거리가 된다.

그와 마찬가지로 우리는 우리가 발견한 것으로 인해 지나
치게 흥분하지 말아야 한다. 이러한 체험이 심지어는 붓다의
정신상태에 이르게 된 것 이상으로 훨씬 흥분되는 일이라 하
더라도, 절제하는 법을 배워야 한다. 문제는 우리가 이러한
지식에 엄청난 가치를 부여한다는 사실이다. 지나치게 수선
을 피움으로써 상황을 바라보는 이원적인 방법을 넘어서지
못하고 장애에 부딪치게 된다. 당장의 성과에 엄청난 중요성
을 부과하여 결과적으로는 이러한 흥분 역시 여전히 또다른
자아를 뒷받침하는 에고를 형성한다.

그러므로 쉬랍, 즉 지혜를 발휘하여 그 상황에 대처해야
한다. 발견한 것은 잘 쓰여져야 한다. 그저 다른 사람들에게
과시하기 위한 물건으로 전락해서는 안된다. 그것에 집착해
서도 안되고, 다만 오직 필요할 때에만 사용해야 한다.

물론 이론적 지식도 아주 재미있다. 많은 말들을 동원해서
엄청나게 떠들어댈 수 있다. 다른 사람들에게 그런 이야기를
하는 것도 큰 즐거움이다. 몇 시간에 걸쳐 논쟁하고, 자기 이
론을 설명하면서 효과를 증명하려고 애쓴다. 자신의 발견에

완전히 도취되어 있기 때문에 다른 사람들을 개종시키려고 애쓰는 일종의 복음주의자 같은 태도를 보이기도 한다. 그렇지만 그건 여전히 이론에 불과하다. 그래서 우리는 삼파로 나아가야 한다.

삼파, 깊게 생각하기

삼파는 반성적인 명상, 묵상, 주제에 대한 깊은 생각이다. 삼파는 마음의 평정을 추구하는 그런 의미에서의 명상이 아니라, 어떤 주제에 대한 명상이며 그러한 화두를 온전히 새기는 것을 말한다. 다시 말해, 우리가 배운 것은 아직 인생의 실질적인 일들을 대처할 수 있을 만큼 충분히 숙련되지 못했다.

예를 들어, 어떤 사람이 뭔가 일을 하나 끝낸 다음에 자신의 위대한 발견에 대해 한참 얘기를 하고 있다. 그런데 그때 우유가 끓어 넘치고 있다거나 뭐 그런 식의 말을 그에게 해보자. 그건 굉장히 일상적인 일일 수 있지만 시사하는 바가 크다. 이처럼 어떤 주제에 대해 토론하다가 갑자기 우유를 조절하는 일로 넘어가는 건 다른 성격의 일이다. 하나는 아주 고상하고 다른 하나는 아주 평범하고 현실적인 일이어서, 자신의 지식을 바로 그 수준으로 효과적으로 대입하는 것이 적잖이 난감하다. 그 차이가 너무나 커서 결국에는 당황하게 되고, 급하게 불을 끄고는 보통 수준의 에고로 되돌아온다.

예를 든 상황에서처럼 두 가지 일 사이의 간격이 너무나 크면 이에 대처하는 방법을 배워야 하고, 그것을 일상생활에 적용해야 한다. 이론적 지식과 지혜를 통해 배운 것과 우리의 행위를 일치시켜야 한다. 물론 여기서 말하는 이론이란 것은 보통의 이론, 즉 수학적으로 가능한 명제를 산출하는 그런 종류의 일반적인 이론과는 다른 차원이긴 하다. 자신이 직접 관련되어 있기 때문에 그 느낌부터 다르다. 오직 이론일 뿐이라고 하더라도, 바로 그런 이유 때문에 그것을 적용하는 데 어려움을 느끼게 되는 것이다.

이런 이론들은 생각해보면 다 맞는 것 같다. 뭔가 전해주는 게 있는 것도 같고, 그래서 그렇게 고착화되는 경향이 있다. 그러므로 반성적인 명상인 삼파가 필요한 것이다. 왜냐하면 발견에서 오는 초반의 흥분을 가라앉히고, 새롭게 발견한 지식과 우리 자신을 실질적으로 연결할 수 있는 방법을 찾아야 할 필요가 있기 때문이다. 예를 들어, 그대가 가족들과 함께 차를 마시며 집안에 앉아 있다고 가정해보자. 모든 게 아주 편안하고 만족스럽다. 그러면 이때, 그대는 어떻게 초월적 지식을 발견한 흥분과 그 특정한 상황을, 그러한 특정한 순간의 느낌을 연결 짓겠는가?

쉬랍은 지혜를 특정한 환경 속에서 어떻게 적용할 수 있는가 하는 문제이다. 보통 우리는 '지혜'라고 하면 어떤 특별한 활동에만 연결 짓고 눈 앞의 상황은 밀어낸다. 게다가 이렇게 생각하는 경향이 있다. '지금까지 내가 해온 일들은 진정한 게 아니었어. 그러니 여길 떠나서 다른 곳으로 가야 해. 티벳의 수도원이나 스코트랜드의 숲으로 가서 수행하고 배워야겠어.'

그러나 문제는 그렇게 해서 해결되지 않는다. 왜냐하면 결국은 금세 똑같이 익숙한 거리에 똑같이 익숙한 사람들에게 둘러쌓이기 때문이다. 매일 매일의 생활은 똑같이 계속되며 주변 환경을 탓하지 말아라.
다른 사람들을 비난하지 말아라.
외적 조건을 탓하지 말아라.
상황을 바꾸려들지 말고,
단지 그 안으로 들어가 지켜보라.
이것이 완전한 삼파, 주제에 대한 진정한 묵상이다.

우리는 여기서 절대 벗어날 수 없다.

그러므로 핵심은 상황을 바꾸려고 해선 안된다는 것이다. 사실 그렇게 할 수도 없다. 그대가 명령 하나로 모든 것을 멈추게 할 수 있는 절대적인 존재가 아닌 이상, 그대는 오직 가장 가까이에 있는 일들, 그대에게 속한 것들만을 다룰 수 있을 뿐이다. 물론 결정할 수 있는 어느 정도의 자유는 있으니 떠나겠다는 결정을 내릴 순 있다. 그러나 떠나겠다는 결심도 결국엔 세상을 거부하겠다는 또 하나의 노력이다. 분명히 모든 것은 그대의 태도에 달려있는데도 말이다.

만약 무언가를 더 깊이 배우겠다는 관점으로만 생각하고 자신이 처한 주변 환경을 배척하지 않는다면, 그건 괜찮다. 누구나 받아들이고 싶지 않은 불쾌한 사건을 겪은 다음엔 거기에서 벗어나려고 한다. 지금까지와 다른 환경이나 상황에 있다면 전체를 새롭게 파악할 수 있을 거라고 생각하는 것이다.

그러나 그건 오늘 할 일을 내일로 미루는 식이고, 다음 날도 전혀 하지 않을 일이다. 물론 그렇다고 해서 명상센터에

가서 수련할 필요가 없다거나 일시적인 은둔생활은 전혀 소
용없다는 게 아니다. 다만 도망치려고 하진 말라는 것이다.
그런 특정한 장소에서 우리가 보다 더 많이 자신을 열 수는
있을지라도, 그렇다고 해서 외부상황이 단독으로 우리 자신
의 변화와 발전을 가능하게 한다는 걸 믿지 말라는 뜻이다.

그러므로 주변 환경을 탓하지 말아라. 다른 사람들을 비난
하지 말아라. 외적 조건을 탓하지 말아라. 상황을 바꾸려들
지 말고, 단지 그 안으로 들어가 지켜보라. 이것이 완전한 삼
파, 주제에 대한 진정한 묵상이다.

감상적이고 감정적인 태도를 극복할 수 있다면 심지어 부
엌의 싱크대에서도 진리를 발견할 수 있다. 그러므로 전체적
인 요지는, 거부하지 말고 바로 그 순간을 이용할 것. 상황이
어떠한 것이든간에 그것을 받아들이고 존중해야 한다는 것
이다.

그대가 그만큼 자신을 열 수 있다면 실패하지 않고 배우게
될 것이다. 이건 내가 이런 말을 할만한 권위가 있는 사람이
기 때문에 보장하는 게 아니라, 사실이 그렇기 때문이다. 이

는 수천 년에 걸쳐 검증된 것이며, 과거의 모든 위대한 고수들의 실천에 의해 증명되고 있다. 오직 붓다 한 사람만이 성취한 그 무엇이 아니라, 갈고 닦고 녹이고 두드려서 금을 정제하는 기나긴 과정과도 같이 수많은 위대한 스승들에 의해 수련, 점검, 시험된 금강석같은 전통이다.

곰파, 명상으로 깨달음에 이르다

그러나 아직까지도 이것을 제대로 받아들이기엔 충분하지 않다. 직접 그 안으로 들어가서 스스로 봐야 한다. 그러므로 이제부터 해야 할 일은 효과적으로 활용하고, 지혜롭게 그 주제에 대해 명상을 시작하는 것이다.

여기에서 지혜는 매우 중요하다. 왜냐하면 지혜만이 자기중심적인 에고로부터 자신을 붙잡아줄 수 있기 때문이다. 지혜 없는 가르침은 단지 혼돈의 세계, 윤회의 세계를 되풀이시키며 여전히 우리를 구속한다. 명상 수행도 해보고 경전을 읽거나 예식에 참여할 수도 있지만, 이러한 지혜가 없다면 구속으로부터 해방될 수 없고 상황을 명확하게 볼 수가 없다.

다시 말해서 지혜가 없으면 잘못된 지점에서 출발하게 된다. 또 '이러 저러한 것들을 성취하기 위해 깨달음을 얻게 되면 얼마나 좋을까!' 라는 식의 생각이 고개를 들기 시작한다. 이 단계에서 요구되는 지혜는 자신의 진정한 본성을 보지 못하는 무지와 정반대 되는 비판적 안목이다.

흔히 무지를 상징할 땐 주로 '돼지'에 비유하여 표현한다. 돼지는 절대 뒤를 돌아보지 않고 계속 코를 쿵쿵거리면서 자기 앞에 있는 건 뭐든지 먹어 치우기 때문이다. 그러니까 우리 앞에 놓인 것을 무조건 닥치는 대로 주워 담지 않고 비판적인 안목으로 주시하게끔 하는 것이 바로 지혜이다.

이렇게 해서 우리는 마침내 곰파, 즉 명상에 이르게 된다. 제일 먼저 이론을 습득하고, 그 다음 묵상, 그리고 이제는 사마디에 이르는 명상까지 온 것이다.

곰파의 첫 번째 단계는 다음과 같이 스스로에게 묻는 것이다. '나는 누구인가(Who am I)?' 이건 질문이라기보다 진술이다. 왜냐하면 '나는 누구인가?' 에는 답이 들어 있기 때문이다. 그건 바로 '나(I)'로부터 시작하지 않는 것, 성취하고

자 하지 않는 것, 주제 자체를 가지고 직접 출발하는 것을 뜻
한다.

다시 말해서 아무 것도 목표로 삼지 않고, '성취하고 싶
다' 는 생각마저 없어야 진정한 명상은 시작된다. '내가 누구
인가?' 를 모르는 이상 '나' 로부터 시작할 수는 결코 없을 테
니, 그 지점을 넘어서서 배움을 시작하게 된다. 남은 건 단순
하게 시작하는 것일 뿐, '내가 누구이다(I am)' 라는 생각이 전
혀 없이, 있는 그대로 시작하는 것이다. 그러므로 직접 존재
에 대한 문제로 곧장 나아간다.

약간 모호하고 불분명하게 들릴 수도 있겠다. 많은 사람들
이 이런 말들을 사용해왔고, 우리는 이것을 우리 자신의 문
제와 연결시켜서 분명하게 밝혀내야만 한다. 첫 번째 핵심은
'나' 또는 '나는 성취하고 싶다' 는 관점에서 벗어나야 한다
는 것이다. 성취해야겠다는 사람이 없고, 그리고 그 대상들
을 이해조차 하지 못한 이상, 앞으로 다가올 미래를 위해 준
비해야 할 필요는 없다.

티벳에는 어리석은 어느 도둑에 관한 얘기가 있다. 도둑이

어느 날 보리가 가득 들어 있는 커다란 자루 하나를 훔치고
는 매우 기분이 좋았다. 그는 그 자루를 침대 머리맡 천정에
매달아두었다. 그래야만 쥐나 다른 동물들로부터 안전하다
고 생각했기 때문이다. 그런데 영악한 쥐 한 마리가 올라갈
길을 찾아냈다. 그러는 동안 도둑은 생각했다. '이젠 이 보리
를 팔아야겠어. 옆집에 사는 사람이 좋겠군. 그러면 난 은화
를 벌 수 있겠지. 그럼 그걸로 또 다른 물건을 사고, 그런 다
음 더 큰 이익을 남겨서 또 파는 거야. 이런 식으로 간다면
금세 엄청난 부자가 되겠지. 그러면 난 결혼도 할 수 있고,
근사한 집도 가질 수 있어. 그런 다음엔 아들을 낳아야겠다.
그래, 난 아들을 갖겠어! 그럼 뭐라고 이름을 지을까?'

바로 그때 달이 떠올랐다. 그는 침대 옆 창문을 통해 비춰
오는 달빛을 보았다. '그래, 다와(Dawa-티벳어로 달)라고 불러야
지!' 그런데 그 순간, 자루를 걸어놓았던 밧줄이 끊어졌다.
밧줄을 타고 쥐가 올라가서 갉아먹었던 것이다. 하필 자루가
도둑의 머리 위로 떨어져 그가 죽었다는 이야기이다.

이처럼 아들을 얻기는커녕 '내가 누구인지' 조차도 모르는

명상이란 오직,
우리가 상황을 다루는 보통의 일반적인 방식으로
제한 받지 않아야만 실천될 수 있다.
어떤 기대나 판단을 갖지 않고,
결코 미래의 관점으로 생각하지 않고,
직접 실천하는 것이다.
그냥 그 안으로 빠져들어라.
뒤를 돌아보지 말고 뛰어들어라.

이상, 그러한 환상들을 끝없이 펼치는 건 소용없는 일이다. 그러므로 어떤 보상을 기대하는 것으로부터 출발해선 안된다. 무언가를 얻으려 애쓰고 안달하지 말아라.

그렇다면 어떤 이는 이렇게 생각할 수도 있다. '그럼 정해진 목표도 없고 딱히 이룰 것도 없다면 사는 게 지루하지 않을까? 이도 저도 아니고 아무 것도 아니잖아?' 어쩌면, 이것이 전체의 핵심이다.

'나'로부터 바라보지 않기

일반적으로 우리는 뭔가 얻거나 이루길 바라기 때문에 무슨 일을 한다. '왜냐하면…때문에(Because)'라는 생각을 먼저 하지 않고는 결코 아무 일도 할 수 없다. "나는 휴가를 갈 거야. 왜냐하면 쉬고 싶으니까." "나는 이러 저러한 일들을 하겠어. 왜냐하면 재미있을 거 같으니까."

그러므로 우리가 하는 모든 행동과 모든 일의 단계는 에고에 의해 조건 지워진다. 실체도 없는 '나'라는 개념에 의해 조건이 주어지고, 심지어는 더 이상 의문의 여지조차 없다.

모든 게 그런 식으로 구축되고, '왜냐하면…때문에' 로 시작한다. 그러므로 이것이 핵심이다. 아무런 목적도 없는 명상이란 지루하게 들릴지도 모른다. 그러나 사실은 일단 그 안으로 들어가서 한번쯤 시도해볼 용기가 없다는 게 맞는 말일 것이다.

어떻게든 용기를 내야 한다. 더 깊게 들어가보고 싶다면 가장 좋은 방법은 그 일을 끝까지 해보는 일이다. 너무나 많은 종목들을 가지고 시작하지 말고, 단 한 가지로 시작해서 그 일을 진정으로 온전히 해나가는 것이다. 재미 없는 얘기로 들릴 수도 있고, 또 매번 신나는 일도 아닐 것이다. 그러나 재미라는 게 무조건 생기는 것은 아니다. 또한 인내심을 길러 두려움을 버리고 기꺼이 한번 해보는 거다. 그런 뜻에서 의지력을 발휘해야 한다.

알 수 없는 것에 대한 막연한 두려움을 버리고 곧장 나아가라. 그래서 조금이라도 더 깊게 나아간다면 '왜냐하면…때문에' 를 생각하지 않고도, '뭔가를 이루어내겠다' 는 생각 없이도, 오로지 미래에만 매달려있지 않고도 시작할 수 있음을 알게 된다. 미래를 둘러싼 환상을 키우지 말고, 단지 그것을 용기를 주는 힘과 원천으로 활용해야 한다. 그렇지만 현재의 순간을 진정으로 느끼도록 노력해야 한다.

그러므로 명상이란 오직, 우리가 상황을 다루는 보통의 일 반적인 방식으로 제한 받지 않아야만 실천될 수 있다. 어떤 기대나 판단을 갖지 않고, 결코 미래의 관점으로 생각하지 않고, 직접 명상을 실천하는 것이다.

그냥 그 안으로 빠져들어라. 뒤를 돌아보지 말고 뛰어들어라. 단 일초의 사념도 없이 그저 시작하는 것이다. 물론 모든 것이 그렇듯 테크닉이란 것도 사람에 따라 엄청나게 달라진다. 그러므로 어떠한 테크닉도 그것이 일반적인 것이라고 권장될 수는 없다.

지혜, 즉 쉬랍을 키우는 방법들이 있다. 지혜는 매우 넓고 깊게 보는 힘이다. 지혜는 과거 이전과 미래 그 너머까지도 볼 수 있고 상황을 분명하게 보기 때문에 실수가 없다. 그러므로 우리는 '나'로부터 시작하는 눈먼 실수를 범하지 말고 상황 자체를 다루는 것으로부터 시작해야 한다. 그래서 그렇게 첫 번째 단계를 밟으면 우리는 더 깊은 통찰력을 갖게 되고 새로운 발견을 하게 될 것이다. 왜냐하면 처음으로 일종의 새로운 차원을 보는 것이기 때문이다.

우리는 여행을 하고 있는 길 위에 있으면서 그와 동시에 사실상 종착지에 와 있음을 알게 된다. 길 위에 있으나 이미 그곳이 종착지이니 실은 도착해 있는 것이다. 이것은 오직 '나'로부터 시작하지 않고, 기대하는 게 없을 때에만 일어날 수 있다.

명상은 모두 이러한 토대를 기본으로 한다. 그러니 그대는 분명히 알 수 있다. 명상이란 삶을 도피하려는 것도 아니고, 유토피아에 도달하려고 애쓰는 상태도 아니며, 정신수양의 문제도 아니다. 명상은 단지 '있는 그대로를 바로 보는 것'이며, 거기에는 어떠한 신비주의도 없다.

그러므로 우리는 지금 자신이 하고 있는 바로 그 현재의 일에 맞추어 모든 것을 철저하게 단순화해야 한다. 어떠한 기대도 없이, 단정짓지 말고, 판단하지 말아야 한다. '악'에 맞서 싸운다는 생각도, '선'의 입장에 서서 싸운다는 생각도

할 필요 없다. 그렇다고 해서 '나'에 대해 생각하는 게 허용
되지 않는다는 한계점으로 바라봐서도 안된다. 그것 역시 원
칙이라는 극단적인 형태로 빠질 수 있는 좁은 틀에 스스로를
가두게 되기 때문이다.

촉암 트룽빠

촉얌 트룽빠(Ven. Chögyam Trungpa) 스님은 1939년 티벳의
동부 캄(Kham) 지역에서 태어났다.

촉얌 트룽빠가 겨우 13개월 되었을 때 사람들은 그가 투르
크(tülku), 즉 환생한 스승임을 알아보았다고 한다. 티벳 전통
에 따르면, 깨달은 스승은 그의 자비를 바탕으로 여러 세대
에 걸쳐 인간의 모습으로 윤회할 수 있다고 하는데, 그러한
스승들은 죽기 직전 서한이나 또는 다음 생의 행방에 관한
어떤 단서들을 남긴다. 그러면 제자들과 그밖에 다른 스승들
은 이러한 단서들을 살펴보고 꿈과 선견지명을 통해 주의 깊
게 짚어본다. 이를 토대로 후계자를 발굴하고 알아보기 위해
찾아 다니는 것이다.

그렇게 해서 어떤 경우에 있어선 수 세기에 걸쳐 전해 내

려오는 가르침의 특정한 계보가 형성된다. 촉얌 트룽빠는 '트룽빠 투르크'라고 일컬어지는 가르침의 계보에서 열한 번째 스승이었다.

어느 날 어린 투르크로 발견된 이후, 촉얌 트룽빠는 붓다의 가르침에 관한 강도 높은 이론과 수행 훈련에 들어간다. 트룽빠 린포체(Rinpoche- '린포체'는 '귀한 존재', '소중한 몸'이라는 의미의 경칭)는 수르망(Surmang) 사원의 최고 주지이자 수르망 지구의 통치자로서 자리에 오른 후부터 1959년 티벳을 떠나기 전까지 18년 동안 지속적으로 수행하였다.

카규(Kagyü)학파의 스승으로서 그의 수행은 체계적인 명상 수행과 불교철학에 관한 명확한 이론적 이해를 바탕으로 하였다. 티벳 불교의 4대 학파 중 하나인 카규는 '실천학파'로 알려져 있다.

트룽빠 린포체는 여덟 살의 나이에 처음으로 사미계를 받게 된다. 이후 그는 서예법과 미술회화, 수도원의 춤뿐 아니라 전통적인 수도원 규율에 관한 밀도 있는 학습과 실습훈련들을 받았다.

그의 첫 번째 스승들은 닝마(Nyingma)학파와 카규학파의 지도자들인 잠괸 콩트륄(Jamgön Kongtrül)과 켄포 캉샤르 (Khenpo Kangshar)였다. 1958년 트룽빠 린포체는 공부를 마치고 18세의 나이에 '쿄르푄(Kyorpön-신성한 학자)'과 '켄포 (Khenpo-학문의 주인)'라는 학위를 받으며 정식으로 비구계를 받게 된다.

최근 50여 년은 티벳의 엄청난 격변의 시기였다. 중국 정부가 무력으로 국가를 통합하려는 의도를 분명히 드러냈기에 승려들과 많은 티벳인들은 나라를 떠나 피난을 했다. 트룽빠 린포체는 수개월 동안 비참한 생활을 하며 히말라야를 넘는 길고 긴 이주를 하였다.

중국의 포위망을 간신히 피해, 그는 1959년 인도에 도착했다. 인도에 머무는 동안, 트룽빠 린포체는 젊은 라마(Lama)들을 위한 학교에서 영적 조언자로 임명되어 1959년에서 1963년까지 이일에 몸 담았다.

옥스포드(Oxford)대학에서 공부할 수 있는 스폴딩(Spaulding) 장학금을 받게 되면서, 서양을 접하게 되는 첫 번째 기회가 그에게 찾아온다. 옥스포드에서 그는 비교종교학, 철학, 미술을 공부하였다. 또한 일본식 꽃꽂이도 배워 소게츄 학교(Sogetsu School)에서 학위를 받기도 했다. 트룽빠 린포체는 영국에 머무는 동안 서양의 학생들에게 다르마를 소개하기 시작했다.

그리고 1968년 스코트랜드 덤프리셔(Dumfriesshire)에 '삼예 링 메디테이션 센터(Samye Ling Meditation Centre)'를 공동으로 설립하였다. 또한 이 시기에 그의 초기 저서 두 권 〈Born in Tibet〉와 〈행복한 명상(Meditation in Action)〉을 영어본으로 출판하였다.

1969년 트룽빠 린포체는 부탄(Bhutan)을 여행하였는데, 그곳에서 그는 홀로 명상하며 은둔생활을 하였다. 이 시기의 은거는 가르침의 접근법에 있어서 그에게 매우 중요한 전환점이 되었다. 은거를 마치고 돌아오자마자 그는 즉시 평범한 속인이 되었다. 승려복을 벗고 서양식의 일상적인 옷차림으로 갈아입었다. 그리고 젊은 영국여자와 결혼하여, 둘은 함께 스코트랜드를 떠나 미국으로 이주하였다.

그의 초기 제자 중 많은 이들은 이러한 그의 변화를 보면
서 큰 실망과 엄청난 충격을 받았다. 그러나 그는 서양에 뿌
리를 내리기 위해서는 문화적 구속과 종교적 맹목에서 벗어
나 자유롭게 다르마의 가르침을 전해야 한다는 확신을 분명
히 표현했다.

1970년대 미국은 정치적으로나 문화적으로 끓어오르는
시기에 있었고, 동양에 매료되었던 시기였다. 트룽빠 린포체
는 '영혼의 수퍼마켓' 이라고 지적하며 당시 정신세계에 대한
물질적이고 상업적인 접근을 비판하였다. 〈종교의 물질주의
를 넘어서(Cutting Through Spiritual Materialism)〉, 〈자유의 신화
(The Myth of Freedom)〉 등의 책과 강연을 통해 그는 정신세계
에 관한 왜곡을 극복하는 방법으로서 간결하고 직접적인 수
행법인 좌선과 명상을 강조하였다.

미국에서 17년간 가르치는 동안 트룽빠 린포체는 언제나
역동적이고 논쟁이 끊이지 않는 명성을 얻었다. 그는 유창한
영어실력으로 서양의 학생들에게 통역자의 도움 없이도 직
접 강의할 수 있었던 첫 번째 라마였다고 할 수 있다.

　그는 미국과 유럽 전역을 돌며 수백 회의 강연과 세미나를 가졌다. 미국과 유럽 각지에 여러 명상센터와 수행센터들뿐 아니라, 버몬트(Vermont), 콜로라도(Colorado), 노바 스콧시아(Nova Scotia) 등지에 중추적인 센터들을 많이 설립하였다. 그리고 1973년 이러한 전체 네트워크의 중앙 행정부라 할 수 있는 '바즈라다투(Vajradhatu)' 라는 센터를 세웠다.

　1974년에는 '나로파 인스터튜트(the Naropa Institute)'를 설립했는데, 그곳은 미국에서 유일하게 공인된 불교대학이 되었다. 그의 책 〈목적지 없는 여행(Journey without Goal)〉은 그곳에서의 수업을 바탕으로 한 것이다. 1976년에 그는 '샴발라 프로그램(Shambhala Training Program)'을 만들었다. 그것은 일반인들을 대상으로 명상수행법을 소개하는 프로그램과 세미나로 이루어진 일주일간의 코스였다.

　1976년 그는 바즈라센터의 의원이자 다르마의 후계자로 '요슬 텐찐(Ösel Tendzin)'을 임명하였다. 요슬 텐찐은 바즈라다투와 샴발라 프로그램을 관리하면서 트룽빠 린포체와 함께 일했다. 트룽빠 린포체는 1976년부터 세상을 떠날 때까지 광범위하게 가르쳤고, 〈손바닥 위의 부처님(Buddha in the Palm of Your Hand)〉이라는 책을 남겼다.

그는 번역활동 또한 활발하게 하였다. 프란체스카 프리맨틀(Francesca Fremantle)과 함께 작업하면서 〈티벳 사자의 서(the Tibetan Book of the Dead)〉를 새로 번역하여 1975년에 출판하였다. 이후 그는 중요한 텍스트들을 대중에게 알리고 또한 학생들을 위한 텍스트와 법문을 번역하기 위해 '나란다 번역위원회(Naranda Translation committee)'를 만들었다.

1979년 트룽빠 린포체는 그의 아들인 요슬 랑드룔 묵포(Ösel Randröl Mukpo)를 샴발라 계보의 후계자로 하는 위임식을 하였다. 1995년 닝마학파의 최고 수장인 페너(Penor) 린포체는 트룽빠 린포체를 '지구의 수호자'라는 뜻의 '사콩(Sakyong)'이라 임명하였다.

그는 예술에 대한 관심 또한 높은 것으로 유명했다. 특히 묵상하는 수행과 예술 작업 사이의 관계에 대한 그의 식견은 잘 알려져 있다. 그의 예술 활동은 서예, 회화, 꽃꽂이, 시, 극작 그리고 환경 장치 등을 포함한다. 그뿐 아니라, 나로파

인스티튜트를 앞서가는 많은 예술가들과 시인들의 관심을 끌 수 있는 교육적인 분위기로 창조하였다. 명상 수행의 빛이 창조작업의 탐험에 자극이 되어 서로 계속해서 대화를 주고받게 되는 것이다. 트룽빠 린포체는 또한 〈무드라(Mudra)〉, 〈최초의 생각 최고의 생각(First Thought Best Thought)〉이라는 두 권의 시집도 출판하였다.

출판된 책들은 그의 깊은 가르침의 유산에 비하면 단지 일부분에 불과하다. 미국에서 17년 동안 가르치면서, 그는 학생들에게 필요한 다르마의 체계적인 수행법을 제공하기 위해 훈련체계의 구조를 정리하였다. 안내 설명과 기초 코스에서부터 심화된 집단 안거 수련에 이르기까지 그의 프로그램들은 학습과 체험, 지성과 직관 사이의 균형을 강조한다.

학생들은 어느 단계에서나 다양한 수행법들을 통해서 명상에 대한 관심을 발전시키고 붓다의 길을 따라 수행할 수 있게 된다. 상급학생들은 그러한 프로그램 중에서 그의 가르침과 명상 수업을 모두 받게 된다. 불교 전통에 대한 광범위한 수업뿐 아니라, 그는 또한 샴발라 프로그램을 매우 강조하였다. 그것은 종교적 수행과는 성질이 다른 것으로, 마음을 다스리는 것과 공동체를 구현하고 보다 성숙된 사회를 만드는 것, 그리고 일상의 삶에 감사하는 마음의 중요함을 강조한다.

트룽빠 린포체는 아내 다이아나(Diana)와 다섯 명의 아들을 두고 1987년 47세의 나이로 작고하였다. 장남인 사콩 미팜 린포체(Sakyong Mipham Rinpoche)가 그를 계승하여 현재 '샴발라 인터내셔널(Shambhala International)'로 알려진 바즈라다투의 영적 수장이 되었다.

죽음에 이르렀을 때 트룽빠 린포체는 서양 세계에 다르마를 소개한 중추적인 인물로서 알려지게 되었다. 자신의 전통에 대한 깊은 이해와 더불어 서양 문화에 대한 긍정과 찬사를 접목시킨 그의 태도는 다르마를 전하는 데 있어서 혁명적인 접근법을 낳았다. 가장 오래되고 심오한 가르침이 철저히 동시대의 방식으로 전해지게 되었던 것이다.

트룽빠 린포체는 다르마에 대한 거침없는 발언으로도 유명했다. 망설임 없이 전통을 순수하고 진실되게 대했기 때문

에 항상 새로웠다. 이러한 가르침이 뿌리를 내리고 무성하게
자라나 모든 살아있는 중생들을 이롭게 하기를…